好父母给孩子最好的教育

潘鸿生 —— 编著

北京工业大学出版社

图书在版编目（CIP）数据

好父母给孩子最好的教育 / 潘鸿生编著. —北京：北京工业大学出版社，2015.7（2021.9重印）
ISBN 978-7-5639-4347-0

Ⅰ. ①好… Ⅱ. ①潘… Ⅲ. ①家庭教育 Ⅳ. ①G78

中国版本图书馆 CIP 数据核字（2015）第 131244 号

好父母给孩子最好的教育

编　　著：潘鸿生
责任编辑：杜曼丽
封面设计：尚世视觉
出版发行：北京工业大学出版社
　　　　　（北京市朝阳区平乐园 100 号　邮编：100124）
　　　　　010-67391722（传真）　bgdcbs@sina.com
经销单位：全国各地新华书店
承印单位：唐山市铭诚印刷有限公司
开　　本：787 毫米 ×1092 毫米　1/16
印　　张：14
字　　数：185 千字
版　　次：2015 年 7 月第 1 版
印　　次：2021 年 9 月第 2 次印刷
标准书号：ISBN 978-7-5639-4347-0
定　　价：39.80 元

版权所有　翻印必究
（如发现印装质量问题，请寄本社发行部调换 010-67391106）

前　　言

易中天教授曾说过："中国教育的目标是'望子成龙'；标准是'成王败寇'；方法是'死记硬背'；手段是'不断施压'，还美其名曰'压力即动力'。至于孩子们是否真实，是否善良，是否健康，是否快乐，没人去想。最需要'以人为本'的领域，却最不拿人当人，这真是一个奇迹！"我们不禁要问，难道这就是父母给孩子最好的教育吗？

千百年来，望子成龙是中国父母一个亘古不变的心愿，此乃人之常情，也是生活中的一种希望，它原本是父母对孩子爱的心意，应该是父母在孩子成长过程中，不断地用自己爱的行为，去启蒙、引导孩子，如今却变成了急功近利的社会现状。

看看现在的大多数父母，他们都把孩子看成自己的未来，踌躇满志者希望自己下一代能保持荣耀，失意者则寄希望于下一代完成自己未竟之业。这种愿望可以理解，但由此导致一些家长给孩子确定了不适当的目标，他们望子成龙、望女成凤心切，强迫小小年纪的幼儿学这学那，平时还不断地给孩子施加压力，甚至揠苗助长，导致了很多孩子除了学习什么也不会做。家长可谓是用心良苦，但这种过高的期望，严重干预了孩子的生活，孩子就像一个提线木偶，受人摆布，失去自我，这样的教育方式，不但束缚了孩子的个性发展，而且不利于他们的健康成长。显然，这并不是最好的教育。

那么，什么才是最好的教育呢？曾经有人说："给孩子最好的教育就是给孩子最好的人生。" 让孩子拥有阳光的心态和快乐的性格，教孩子学会体验幸福的人生，这才是教育回归生活的真正意义，才是父母给孩子最好的教育。

给孩子最好的教育，更多地注重孩子综合素质、人格塑造、情商培养、谋生能力等方面的培养。孩子从出生到成年，有三分之二的时间是在家里度过的。如此长的时间，如果不很好地利用，实在是一个无法弥补的损失，更何况家庭教育有着学校教育无可比拟的优势。我们的学校目前还只是一个以学习课本知识为主要目的的场所，所以，教育孩子必须从家庭教育开始。作为父母的我们爱孩子，就必须从教育孩子做起。

父母能给孩子最大的财富，就是给孩子提供最好的教育。

目　　录

第一章　给孩子最好的教育，就是给孩子最好的人生

　　家庭是教育孩子的第一阵地，每一位家长都想给孩子最好的教育。在现实生活中，很多家长最期盼的就是望子成龙，这种愿望是好的，心情也是可以理解的，但是不现实，也是不可取的。我们不能只重视孩子的学习成绩而忽视了孩子更需要的东西。作为家长的我们要追求全面发展的教育，就是用更丰富的手段，瞄准更多维的目标，更深入地培养孩子的德智体美全面发展。这才是教育回归生活的真正意义，才是我们给孩子最好的教育。

不成人难成才，成人教育比成才教育更重要……………………003

孩子不是小宠物，是独立的人………………………………………006

不必苛求孩子十全十美………………………………………………009

给孩子一个快乐的童年………………………………………………012

别把你的理想强加在孩子身上………………………………………014

第二章　送上一份爱，与孩子一起成长

"给予孩子爱"是对家长最起码的要求，但真正的爱和教育，不是牺牲一方，成就另一方，而是双方共同成长。父母和孩子的关系应该是互相陪伴、互相扶持的，父母只有使自己真正走进孩子的世界，才能用真爱与孩子一起茁壮成长。

信任是教导孩子的通行证……………………………………021
放低姿态，与孩子平等相处……………………………………025
用爱陪孩子一起成长……………………………………………029
站在孩子的角度看问题…………………………………………031
忙里偷闲，再忙也要陪伴孩子…………………………………034
倾听孩子，让他感受到尊重和认同……………………………038

第三章　成长是孩子自己的事，不要替孩子成长

孩子的成长是孩子自己的事，家长可以帮助孩子成长，但绝不能代替孩子成长。孩子的成长是需要体验的，家长的代替会影响孩子能力的发展。所以，家长不要成为孩子成长路上的阻碍，要试着放开双手，让孩子活出自己的天地，展现自己的天赋才华，去创造属于自己的健康、快乐、富足的人生！

目 录

不要过多干预,给孩子自由的空间..................045

移交责任,"菜鸟"才能长成大鸟..................049

不让孩子的人生有遗憾,尊重孩子的自主选择..........053

自己的事自己做,让孩子学会独立....................057

经历挫折,要让孩子输得起..........................062

第四章 人无德不立,望子成人比望子成龙更重要

做人是一门艺术,更是一门学问。教孩子如何做人,实际上就是对孩子的思想教育。一位专家说过:"孩子的道德教育应从摇篮时期开始,因为当今社会所缺乏的不是头脑而是品德。"孩童时期的可塑性很大,是进行人格品德教育的最佳时期,因此,父母应该注重孩子良好品德的培养,教孩子从小学会做人。

坚守诚信,就是坚守做人的底线....................069

胸怀广阔,宽容的孩子最有人缘....................074

爱泽万物,有爱心的孩子内心更有力量..............079

教孩子学会感恩,使他获得快乐....................085

骄傲自满要不得,谦虚会让孩子走得更远............089

谎言总会被揭穿,诚实的孩子最可爱................095

第五章　习惯决定命运，好孩子有好习惯

　　播下一个行动，收获一种习惯；播下一种习惯，收获一种性格；播下一种性格，收获一种命运。良好习惯是人生巨大的财富。培养优秀的孩子，前提是要让孩子建立起良好习惯，好习惯将受益终身。但好习惯的养成不是一蹴而就的事情，家长不能急于求成，要知道良好的习惯要从点滴抓起，从孩子早期抓起。

知礼、懂礼、行礼——有"礼"的孩子惹人爱..................103

成由勤俭败由奢——勤俭节约，从孩子做起..................109

做事有条理——告诉孩子计划的重要性......................114

惜时如金，让孩子懂得珍惜时间............................119

天道酬勤，勤奋的孩子才会有未来..........................123

不做马虎大王，纠正孩子粗心的不良习惯....................128

第六章　告诉孩子，学习好不如爱好学习

　　有这样一句谚语："知识在书本里，智慧在头脑里。"你希望孩子的学习是为了知识还是为了智慧？在应试教育的背景之下，孩子成绩不好，你会如何看待？你希望孩子怎样看待这个问题？

正确引导，激发孩子学习的内驱力..........135
满足孩子的好奇心，激发他的求知欲望..........138
根治厌学，补课不如"补趣"..........142
万里之路始于书，尽享读书之乐..........147
培养和提高孩子的学习能力..........151

第七章　每天进步一点点，帮孩子做最好的自己

　　什么是好的教育？怎样让孩子成为有用之才？不断提高孩子的素质和能力，为孩子的幸福人生奠基，能够让孩子每天进步一点点，做最好的自己，就是好的教育。一个孩子只有一个未来。只要孩子做到了"最好的自己"就是最大的成功，做父母的还有什么苛求呢？

即使再弱小，也可以帮助别人..........159
一个人的力量是有限的，让孩子学会合作..........164
会自省的孩子，才能不断进步..........169
脱颖而出，让孩子成为竞争高手..........173
永不放弃，让孩子学会坚持和忍耐..........176

第八章　传递正能量，让孩子内心强大

　　每个孩子都应该有一个强大的心灵。孩子的成长不仅是身体和智力

发育完善的结果，更是心灵塑造的复杂过程。因此，家长要关注孩子的心灵成长，给予孩子更多的心灵关怀，让他拥有一个健康的心态。孩子的内心强大，他的人生才会幸福。

善于自我激励，孩子将爆发强大的小宇宙……………………183
自尊是送给孩子最好的礼物………………………………………188
相信自己，让孩子自信起来………………………………………192
让孩子获得一生的幸福——教会孩子乐观………………………197
羡慕忌妒恨——让孩子远离这"三兄弟"………………………201
追星，就要学习偶像的奋斗精神…………………………………205

第一章　给孩子最好的教育，就是给孩子最好的人生

家庭是教育孩子的第一阵地，每一位家长都想给孩子最好的教育。在现实生活中，很多家长最期盼的就是望子成龙，这种愿望是好的，心情也是可以理解的，但是不现实，也是不可取的。我们不能只重视孩子的学习成绩而忽视了孩子更需要的东西。作为家长的我们要追求全面发展的教育，就是用更丰富的手段，瞄准更多维的目标，更深入地培养孩子的德智体美全面发展。这才是教育回归生活的真正意义，才是我们给孩子最好的教育。

不成人难成才，
成人教育比成才教育更重要

成才、成人都是孩子成长的重要目标。家教如果从育人入手，更有利于成人，成人又会促进成才。

很多年以前，有一位学大提琴的年轻人向20世纪最伟大的大提琴家卡萨尔斯讨教："我怎样才能成为一名优秀的大提琴家？"

面对求教成功之法的年轻人，著名的大提琴家卡萨尔斯回答道："先成为优秀而大写的人，然后成为一名优秀而大写的音乐人，再然后成为一名优秀的大提琴家。"在卡萨尔斯眼里，"成人"是任何阶段成功的前提。"成人"对于成功人生的重大意义由此可见一斑。

教育最基本的目标应该是培养孩子成为能够自立于社会、也有益于社会的人，在这个基础上，再努力挖掘孩子的某些潜能，使他成为某一方面的人才。这就是在"人的教育"之上的"人才教育"。因此，正确的子女教育可以分为两个层次：其一，教育孩子成为一个人；其二，培养孩子成为国家的栋梁之材。如果只注重知识，不重视品德培养，那么培养的人越有知识，越可能成为社会的祸害。所以，现在的家长更要转变观念，变成才教育为成人教育。不仅在知识方面要教育，更重要的是在人格上、品德上要给孩子一个良好的教育。

做任何事都有一个先决条件。成人亦是成才的先决条件，我们不要把先后颠倒，那样物极必反，反而不能成大器。现在很多家长往往忽视成人教育，只知道成才教育。那样对孩子永远是一个错误的抉择。

2013年，"李某某事件"引起了极大的社会关注，李某某曾经是父母眼中的骄傲，却因打架被收容教养，释放不到半年再次犯下轮奸罪被判处有期徒刑10年，其家庭教育的问题，不得不再度引起了人们的关注。李某某所作所为的确让人愤慨，但是冷静地看待这个未成年人，他何尝不是溺爱教育的受害者。

李某某曾经是一个优秀的孩子，他的聪明也一直有目共睹：他自幼热爱音乐、喜欢唱歌，热爱体育运动。4岁入选中国幼儿申奥形象大使；4岁学习钢琴，师从中央音乐学院著名钢琴教授韩剑明先生；8岁开始学习书法，师从清华大学方志文先生；10岁加入中国少年冰球队，多次参加国内外少儿冰球比赛。连续两届荣获全国"希望杯"青少年儿童钢琴比赛二等奖、中国作品演奏奖。全国少儿钢琴比赛金奖，第八届北京钢琴艺术节优秀演奏奖。连续三届荣获"爱我中华"全国青少年书法大赛铜、银、金奖，并入选2009激情奥运"爱我中华"青少年书画双年展。2009年成为最年少的海淀区书法协会会员。

李某某儿时的优秀，跟其家长重视教育是分不开的。可是为什么在这样一个重视教育的家庭里，李某某没有按预定的轨道发展呢？

李某某的成长经历给我们揭开了答案。其父老来得子，李某某从小就被父母溺爱，养成了高高在上无忧无虑的意识，无论犯过多大的错，都没有受到过可以铭记于心的惩罚。把同学推下楼，父母轻而易举私了；跟同学抢东西，老师反而批评被抢的同学；就是在国外上学惹祸，也毫无畏惧，父亲能摆平一切的观念，成为助纣为虐的信条。这种溺爱式的教育，使李某某从小就没被严厉惩罚过，有的只是一次次犯错，一次次被父母摆平；一次次酿成大错，一次次逃脱惩罚；直至走上违法犯罪之路，直至再次堕落接受法律的惩罚。李某某走上违法之路，并无稀奇，甚至说是一种必然。

由此我们不难看出，李某某的父母在教子上存在着很大问题：在日常的生活中缺乏对做人基本品德的教育，只注重孩子的"成才"，而没有抓住使孩子"成人"这一关键。只是在某些技能上下了功夫，如学唱歌、上电视、接受采访、当选奥运形象大使，等等。这就像建造房子一样，只是在装修层面下功夫，装修得再漂亮，有什么用？只搞装修，不打地基，结果成了豆腐渣工程。现实生活中的很多家长也是如此。他们所看到的都是外在的、表面的所谓成才，而忽视孩子内在基本素质的培养教育，也就是说没有抓住教育的根本，他们还停留在落后的分数教育、技能教育之中。所以，现在的家长要转变观念，变成才教育为成人教育。不仅在知识方面要教育，更重要的是在孩子的人格上、品德上有一个良好的教育。

要想培养一个人才，首先要培养一个真正的人，拥有做人最基本的道德品质和责任感，不仅仅要对自己负责，更要对别人负责。这是被无数人才成长史所证实的真理。不能成为一个真正的人，就不能成才。

不是所有人都能成才，但是成人却是成长的必备条件。一个"成人"的人总会找到一个适合自己的领域而"成才"，而一个"成才"却不"成人"的人则往往会给社会、他人或自己带来伤害甚至灾难。所以，成人比成才更重要，而且重要得多。

法国思想家罗曼·罗兰曾说过："没有伟大的品格，就没有伟大的人，甚至也没有伟大的艺术家，伟大的行动者。"这对于教育而言，何尝不是一种启示？想要成才，先要成人，而成人最重要的一点，就是要培养品德。所以，要想孩子成才，不仅要注重学业培养、智慧挖掘，更重要的是培养孩子善良的品性、良好的修养、坚强的意志、健康的心理、良好的行为习惯及艰苦奋斗的精神。否则，就会误入歧途，甚至危害社会、葬送一生。

孩子要成才，首先要成人。在著名的《傅雷家书》中，傅雷先生对已是知名钢琴家的儿子傅聪说："先为人，次为艺术家，再为音乐家，终为钢琴家。"依中国传统价值标准，为人先于为艺，也高于为艺。物理学家爱因斯坦曾说："用专业知识教育人是不够的，通过专业教育，他可以成为一个有用的机器，但是不能成为一个和谐的人。"知识的广博只是表层现象，是手段；人格的圆满、心灵的和谐才是内在本质，是教育的根本目的。

当年杜鲁门当选美国总统，有记者前去采访他的母亲。记者说："您有这样的儿子，一定十分自豪。"母亲听后平静地回答："是的，不过，我还有一个儿子，同样让我骄傲。""是哪位？"记者掏出笔准备大书特书。"噢，他在外面挖土豆呢！"母亲深情地说。这就是"成人"的价值，一种"成功"的教育。

教育应以人为本，首先教育孩子做人，成长比成功更重要，成人比成才更重要，成事比成名更重要，要使孩子真正成为对祖国和人民有用的人，就要让孩子平安、愉快、健康、幸福地成长。

孩子不是小宠物，是独立的人

家长在教育子女时首先要明确一个问题：孩子是什么？他首先是一个"人"。这个答案听起来虽然有些可笑，但是很多家长并没有意识到这一点。

孩子首先是人，然后才是父母的孩子，如果忽略了"孩子是独立的人"这一前提，那么父母在做事和教育孩子的时候难免会出现偏差，这是导致诸多错误的根源。

有一位中国父亲很想让儿子去国外见见世面，于是他把12岁的儿子送到澳大利亚的朋友家中，委托朋友照顾一下。

没想到这位朋友从机场接回男孩到家后，就用"冷冰冰"的态度对他说："我们是平等的，你12岁了，基本生活能力都有了，所以从明天起，你要自己按时起床，我不负责叫你。起床后，你自己做早餐，因为我要工作，不能替你做。吃完后你把盘子和碗洗干净，自己的衣服也要自己洗。另外，给你一张城市地图和公共汽车的时间表，你自己看好地方决定去哪里玩，我有时间就陪你去，没时间你就自己去。总之，你要尽量自己解决自己的生活问题，独立起来，因为我有我的事情要做，希望你的到来不会给我添麻烦。"

一个月之后，男孩回到了自己的家，家人惊讶地发现，这个孩子变了，变得什么都会做了！人也变得懂事有礼貌了。父母很想知道孩子转变的原因，打电话问朋友，朋友总结成一句话：你的孩子是人，不是宠物，你要把他当人来要求，而不是当宠物来娇惯。

的确，要教育好孩子，首先应该把孩子当成一个独立的个体、一个完整的人来看待。我们只有把孩子当独立的人看，才知道教育是什么。家长与孩子的区别有性别上的、年龄上的、知识上的、阅历上的、能力上的、经济收入上的……唯独没有人格上的。把孩子当成有健全人格的人，孩子才能健康成长，才能有健全的心智。

每个孩子都是一个独立的个体，有自己独立的意愿和个性。父母没有特权去支配或限制他们的行为。在孩子成长的过程中，父母不能代替他们对客观进行选择，所以要让孩子感觉自己是自己的主人。

一个夏日的午后，一位老者悠闲地在沙滩上散步，突然一阵斥责声打扰了他的平静。他扭头向不远处看去，只见一个妇人拎着一个七八岁的男孩，大声斥责道："你这孩子，让你写作业你跑到这里玩沙子来了，你看你这一身的沙子。"说完举手便打。

男孩委屈地看着沙滩上精心搭建的沙城被妈妈踩得一塌糊涂，他挣扎着对妈妈说："妈妈求求你！让我再玩一会，我保证回家写完作业。"

妇人哪里肯听孩子的话，拎着他的耳朵往回走。

老者不忍，走过去对妇人说："对待孩子不能这样，要知道孩子也是有自尊、有思想的，我们做大人的要尊重孩子的想法，不能强迫他们遵从我们。"

妇人叉着腰指着老者说："你是干什么的？有你什么事？回家管

好你自己的孩子得了。"说完拉着孩子要走。

而孩子用尽全力挣脱妇人的手,跑到老者面前鞠了一躬说:"伯伯!谢谢您。"

老者微笑地冲着孩子点点头,眼看着妇人把孩子拉走了。

不久,老者又见到了这对母子,是在老者的办公室里。原来老者是位名校校长,而这孩子的父母托人拉关系把孩子送到了这所学校。

妇人认出了老者,脸涨得通红,不安地一直说好话,希望老者能原谅她那天的冒失,让孩子进入这所学校。

老者没回答妇人的话,而是问男孩:"你喜欢进我的学校吗?"

男孩嘟着嘴说:"不……这里的老师和同学我都不熟悉,我……我不想来。"

老者笑了一下继续问男孩:"我这里可是名校,如果你能进我的学校念书,我保证你能考上重点高中。"

男孩撇撇嘴说:"我在普通学校一样能上重点高中的,这不算什么。"

老者哈哈一笑道:"好!你回去吧!等你考上重点高中那一天,我请你吃饭。"

男孩眼前一亮,激动地说:"一言为定!"

妇人见状推了儿子一把说:"你这孩子瞎说什么?快说你愿意来这所名校上学。"

老者摆摆手说:"领孩子回去吧!孩子喜欢在哪里念书都是一样的。"

妇人领着孩子气呼呼地走了。

许多年过去了,老者再见到男孩的时候,他已经长成了一个少年。当他来到老者面前时,老者差点认不出他来。

男孩笑着对老者说:"谢谢您当年的鼓励,我考上市重点高中了。"

两人正说着话,男孩的母亲走了过来。她故意在老者面前说:

"我儿子考的可是全市第一,把你们名校的成绩都比下去了。"

老者笑着说:"可不是嘛!如果当时留在我这里,没准儿就给孩子耽误了。"

老者和男孩相对一笑,而男孩的母亲则面红耳赤地走开了。

悉心呵护孩子的心灵世界,尊重孩子的意愿和想法,这才是给孩子的最好礼物。可以说,最好的家庭教育应该是那种处于自然状态的、遵循孩子身心发展和成长规律的家庭教育,而不是按照家长满意的模子制造产品的教育。

孩子无论多么幼稚,他都是一个人,有自己独立的人格和权利,在管教与养育的同时,我们要把自己和孩子放在同一个坐标上,不能一个俯视一个仰视,要相互平视,最好的尊重方式莫过于用孩子的视角来观察孩子,用孩子的思想来理解孩子,同时更要尊重孩子小小的心灵,这才是真正把孩子当作一个人来看的基础。

但愿我们身为父母都能做到:没有怨怼,没有烦躁,没有攀比,没有自私,没有急功近利,没有强制,没有极端,没有不平等,有的只是一颗全心全意爱孩子的心,真正地把孩子当人来看。

不必苛求孩子十全十美

有这样一个小故事:

有一位年过七旬的老人,一生都在孤独地流浪。路人问他:"为什么不娶妻成家?"老人说:"我在找一位完美的女人。"路人反问:"那么,你流浪了这么多年,就没有遇到一个完美的女人?"老人悲伤地回答:"我曾经遇到过一个。""那你为什么不娶她呢?"

老人无奈地说:"因为她也在寻找一个完美的男人。"

看来,追求完美有时会让人陷入荒唐可笑的境地,而期待别人完美则是不公平的,尤其是期待孩子的完美。

在现实生活中,我们许多父母都会走进这样的误区,在教育子女时总是对孩子要求这要求那,力求把孩子打造成一个绝对的完美的人。有些父母对孩子的教导,总是充满了不满和指责,特别是在孩子学习新事物时,看不到孩子所付出的努力,总是心急火燎地希望孩子一学就会,还要求做得完美无缺。

周颖是一位美术老师,女儿刚学会抓笔,她就教女儿学习绘画,女儿很有悟性,很快就能把简笔画画得非常形象。

周颖很高兴,发誓一定要让女儿在绘画上有所建树。她给女儿买了很多种绘画的书籍、绘画用的工具、材料,准备大干一场。

可不知为什么,女儿的绘画水平却再也没有提高的迹象了。一幅图形,只要稍微复杂点,她就不知道该如何下笔了。

周颖每次交给女儿绘画的任务,都见女儿咬着嘴唇,在那里做沉思状,周颖想不通,就说:"你到底在想什么啊?我让你画,你画就行了,想就能想出来了?"

女儿不得已,拿起笔在纸上轻轻地画一些简单的线条。周颖一看,自己教给孩子的那些技巧,她居然一点都没有掌握。她不由得火冒三丈:"怎么就这么不长记性呢?我不是告诉过你了,先要构图,构完图之后再画,你这还没构图呢,都画到图形外面去了。"

周颖开始手把手地教女儿绘画技巧,可她发现,她的努力都是瞎子点灯——白费蜡。她灰心丧气极了,免不了经常对孩子唠叨。

周颖说:"你说这叫什么事啊?我是一个美术老师,可是我的孩子却画不好画,这要传出去,你说我的脸往哪里搁啊?你说你是怎么回事呢?我的基因难道没有传到你那里去吗?"

第一章 给孩子最好的教育，就是给孩子最好的人生

周颖的老公是一个音乐老师，他看了看孩子的画，说："我怎么觉得孩子的绘画感很好呢，你不要苛求孩子行不？你要是苛求孩子，我看孩子以后肯定就愿意学音乐而不愿意学美术了。"本是一句玩笑话，谁知却一语成谶，周颖的女儿长大后成了一位著名的钢琴家，而她最讨厌的，就是画画。

要求孩子做得更好，甚至做到完美，这是许多家长的共同心理，但是家长是否知道，孩子的能力是有限的，孩子需要的不是完美，而是不断进步？所谓成长，就是完善自己的不完美之处。如果家长不能接纳孩子的不完美，就是不接纳孩子的成长。

其实，孩子成长的过程就是一个学习的过程，免不了有些瑕疵和错误，这正是孩子的可爱之处，父母如果不容许一些错误和瑕疵，一味地要求完美，就不能真正地了解孩子、认识孩子，如果只是一厢情愿地按照自己的要求来打磨、来消除所有的瑕疵，那么孩子就有可能因为承受不了而变得逆反、抑郁、甚至堕落，这块"玉"就有可能被父母自己亲手毁掉。

一位母亲对女儿要求极高，从小进行全方位培养，学习能力、社会能力、领导能力等各方面都出类拔萃，堪称佼佼者，她想把女儿打造成完美的人才。忽然有一天，优秀的女儿却离家出走自此失踪，只因为不堪压力。

对孩子严格要求是好的，但不能陷入苛求。过于追求完美的父母，只会给孩子带来巨大的心理压力。比如要求孩子考满分，这是一个成绩极限，很多情况下大多数孩子完不成，若一味苛求，只能增加孩子内心的焦虑感和内疚感，迷失学习目标。

世界上没有完美的成人，更没有完美的孩子，所以不要期望孩子成为十全十美的人，少一些苛刻，多一些宽容，是对父母真诚的劝告。

给孩子一个快乐的童年

孩子的世界里本来是自由的、快乐的、烂漫的、纯真的,但事实上并非如此,因为很多家长用自己的行为改变了这种格局——他们都希望自己的孩子出类拔萃,从小就给孩子灌输了一种人生模式:重点小学+重点中学+重点大学+白领阶层=成功人生。在这种模式下,孩子从小就背着成才的重负,童年因此失去了很多快乐。

现代教育观认为让每一个生命个体都快乐、幸福,比传授知识技能更重要,毕竟人的价值生命高于人的智慧生命。青少年教育专家孙云晓说过:"童年的快乐是一生快乐的源头,童年的不幸是一生不幸的开端。一个人如果失去了快乐的童年,将来是无法弥补的。"是啊,作为家长,能给孩子一个快乐和自由的童年,该是一件多么幸福和美好的事情啊!

让孩子成为一个快乐的人,是孩子和家长共同的心愿,但是最重要的是要有快乐的感觉,要懂得什么是快乐。快乐应该是内心自然产生的,绝不是外界可以强加的。给孩子一些自主发展的空间,让他们自由呼吸,他们才会感到快乐。试想,孩子的时间整日被自己并不感兴趣的英语、钢琴培训等塞得满满的,孩子还会有快乐吗?

有一位母亲十多年来陪孩子学二胡,一开始对孩子没有任何的要求,只是一种兴趣,孩子也很爱学;后来老师的一句"让孩子考个级吧"萌发了这位母亲的功利心。从此,这位母亲对孩子严格管教,并规定练习遍数,发展到后来,孩子不再喜欢二胡,并且非常讨厌它。因为母亲的功利心让孩子失去了快乐,因为母亲的功利心,让孩子失去了对二胡的兴趣。猛醒后的母亲忽然意识到,当孩子放下二胡的时候,也正是自己功利心放下的时候,她猛然觉得很轻松,这种轻松让

第一章　给孩子最好的教育，就是给孩子最好的人生

她学会了放手。她对孩子说："只要有求知欲就行，考没考好没有关系，今年考得不理想明年再考。"看到多少年来不曾出现的快乐重回孩子的脸上，母亲的心洋溢着无限的幸福，真正地领悟到：什么都不重要，孩子的快乐最重要！

教育应该是快乐的，教育的目的就是让孩子成为一个快乐的人，教育的手段和方法也应该是快乐的。家长少一份功利，孩子就多一份快乐。作为父母，如果不期待孩子考多高的分数，不期待他光宗耀祖，只希望他做一个快乐的人，那么全家都会轻松很多。孩子想成为怎样的人由他自己决定，他只要快乐，家长就应该全力支持，并且告诉他必须为自己的行为负责，为自己负责。

蔡志忠是一个著名的漫画家，同时也是一位深谙教育理念的父亲，在教育子女方面他很有自己的想法。

一次，蔡志忠的夫人到法国出差，于是蔡志忠担任了接送孩子上钢琴课的责任。车到了钢琴学校门前，女儿却坐在车上闷闷不乐，不想下去。蔡志忠问女儿："为什么不高兴？"女儿说，自己最想学的不是钢琴，而是笛子，可妈妈却觉得她应该学钢琴，因为在妈妈看来，学钢琴比学笛子有用。蔡志忠听完女儿的话，二话没说，便把车掉头，一路开回家。

女儿对爸爸的做法有些担心，不禁问爸爸："妈妈刚交了4000元学费，如果不学钢琴，人家也不退钱，那怎么办？"蔡志忠说："那只好算了。"女儿又问："妈妈回来埋怨怎么办？"蔡志忠说："什么也没有你的快乐重要。这是你自己的选择，我要尊重你的选择，是不是？"

蔡志忠的女儿是幸运的，因为她有一位思想开明的父亲。

孩子的成长，需要父母的关爱与照顾，但绝不能包办代劳一切，强

制孩子学这学那，要给孩子自由发展的空间，尊重孩子的爱好与选择，让孩子健康快乐地成长。所以，给孩子一片自由的天空，把属于孩子的快乐还给孩子，这才是教育的核心和宗旨所在。永远别忘记我们所有的努力和付出都是希望我们的孩子能够快乐，还有什么比让孩子快乐更重要的事情呢？

别把你的理想强加在孩子身上

很多家长几乎都有一个通病——在自身上没能实现的愿望，总要千方百计地在自己孩子身上实现。于是，常可以看到有些孩子被迫变成十项全能选手，弹钢琴、学跳舞、踢足球、唱歌、滑冰、参加智力竞赛、当班干部，凡是好的东西样样不缺，孩子看起来像个超人，心里却对父母的严厉和强迫充满怨恨。

一个女孩的妈妈曾是某著名学府的高才生，对女儿要求一向严格，她的梦想是将女儿送到哈佛大学求学。女孩的学习成绩不是很理想，为此妈妈想尽很多方法提高女孩的成绩。

女孩喜欢画画，还在比赛中拿到过名次。她梦想着自己今后可以成为一名画家，但是面对妈妈的梦想，她又不忍心让妈妈失望。在哈佛入学考试中，她的文化课成绩通过了。

面试的时候，她恭敬地和考官说："对不起，耽误您的时间了。上哈佛是我妈妈的梦想，不是我的。"说完后，她觉得轻松了很多，从今以后她终于可以做自己梦想的事了。

父母将美好的希望寄托在下一代身上原本无可厚非，但如果将自己的梦想强加于孩子，而这些又不是孩子的兴趣所在，往往就会不知不觉地走进一个死胡同。让孩子来承载父母的愿望，无疑也过于残酷。而这样做的最终结果，往往与父母一厢情愿的愿望相反，有时有些不切实际的过高期望反而给孩子造成了许多压力，出现许多心理问题。

有一位父亲小时候因为家里拮据，没有学习机会。当有了孩子以后，他开始按照自己的设想，为儿子提供各种学习机会，从上幼儿园开始，除了认字、算术，还培养儿子各方面的才艺，如画画、弹钢琴、拉小提琴、练书法……可能因为学的东西太多，压力太大，儿子常常出错，当然就常遭受责备。父亲觉得一切都是为了儿子好，多学点儿东西将来能体会其中的好处。儿子15岁那年，父亲开始后悔，他发现自己15年的教育方式错了，因为儿子变成了一个很不快乐、常常忧郁的人，并且放弃了所有他本来感兴趣的东西。

经过心理咨询，父亲发现原来从小因为学习各种才艺而积累的压力，令儿子进入青春期这个对压力非常敏感的时期后无法承受，所有的压力以抑郁的方式爆发出来。这种抑郁的情绪笼罩了儿子的整个心灵，以至于他本有的才能无法正常发挥。反省后，这位父亲感叹说，每个孩子都是有情感的活生生的人，不是父母随意改造的机器。

的确，把自己的梦想强加于孩子，对孩子来说是沉重的负担。对很多父母来说，在含辛茹苦播种希望的同时，收获的却是失望。家长将自己的未竟心愿强加于孩子身上，殊不知挤占了孩子自主成长的空间，给孩子带来了不必要的心理负担。孩子是独立的个体，有自己独立的权利选择自己的兴趣、爱好、专业和前途。做父母的要尊重孩子的独立性，尊重孩子自己的选择。让孩子能充分地发展，而不是被别人设计好的框子限制住。不然，孩子也会同父母一样，在补偿父母遗憾的同时，也给自己留下了遗憾，而他们的遗憾又由谁来补偿呢？家长只要真正从孩子的角度出发，就能放下心结。

每个人都有每个人的理想，自己实现不了的，千万不要寄托在孩子身上。父母可以把自己小时候没有实现的理想告诉孩子，把自己的失败过程告诉他，至于他怎么做，是孩子自己的事情。要知道孩子也有自己的理想，而他的理想很可能跟父母的根本就不一样，何必把父母的理想强加给他呢？

孩子虽然是我们的孩子，但孩子不是我们的附属物，不是我们的奴隶，更不是我们实现自己未完成梦想的工具，孩子是他自己，他有自己的人生，有自己的梦想。作为父母，我们要做的是陪伴孩子寻找和实现他自己的梦想，让他走真正属于他自己的人生之路。

世界首富比尔·盖茨小学毕业后，父母将他送进了西雅图市一所名叫"湖滨中学"的私立中学。

比尔·盖茨中学毕业时，很想进入哈佛大学读书，这也是父母的最大心愿，但是在专业的选择上，父亲与儿子却发生了严重分歧。比尔·盖茨的父亲在美国律师界的声望很高，他十分希望子承父业，所以主张儿子选择法律专业，但比尔·盖茨对学法律当律师没有多大兴趣，他热衷的专业是数学和计算机。

父亲经过冷静思考，意识到若强迫儿子学法律，只会扼杀他在计算机方面的特殊天赋，对儿子的长远发展肯定是极其不利的。最后，父母尊重了比尔·盖茨的专业选择，决定由儿子做主，让他在计算机领域自由发展。

然而，更大的分歧出现在比尔·盖茨进入哈佛仅仅一年后：盖茨决定离开这所世界一流的学府，与朋友一起创办计算机公司。这对他的父母来说是一个棘手的难题，他们百思不解，开始时也极力反对，但到最后不得不尊重儿子的选择。

比尔·盖茨自己做主的这次重大选择，无疑改变了他的一生，奠定了他成为全球"电脑王国"无可争议的领袖地位的基础。

比尔·盖茨最幸运的地方在于他有开明的父母，在他进行学校、专业和退学创业这几个重大选择时，最终都得到了父母的理解和支持。正是父母由比尔·盖茨自己做决定的这几次正确的选择，使比尔·盖茨的天赋、兴趣与他的事业找到了最佳的契合点，成就了他日后富冠全球的宏大事业。

每个孩子都有他自己的梦想，父母要做的事情是尊重孩子的选择，让他健康快乐地多元化成长。古今中外很多名人的成功都不是由父母为其选择的，他们都是根据自己的选择而成就大器的。孩子的路终究还是要自己走。为人父母者，与其把自己一厢情愿的未圆梦想加在孩子身上，不如与孩子一同圆个美丽的梦，把对孩子的期望转化为对孩子的赞赏、鼓励、支持，让孩子在父母适度的期望中找到向前迈进的动力，按照自己的能力、爱好和兴趣发展，实现自己的梦想。

第二章　送上一份爱，
　　　　与孩子一起成长

"给予孩子爱"是对家长最起码的要求，但真正的爱和教育，不是牺牲一方，成就另一方，而是双方共同成长。父母和孩子的关系应该是互相陪伴、互相扶持的，父母只有使自己真正走进孩子的世界，才能用真爱与孩子一起茁壮成长。

第二章　送上一份爱，与孩子一起成长

信任是教导孩子的通行证

人与人之间能不能建立起信任，是一个人能不能愉快地生活，能不能获得幸福的重要基础。心理学家认为：追求他人的信任是每个正常人的普遍心理，是一种积极的态度，也是一个人奋发向上、实现自我价值的动力。信任对孩子良好的心理品质的形成具有积极的鼓励作用。在家庭教育中，父母想要教育出好孩子，首先要信任自己的孩子。

我国教育家陶行知先生曾经说过："教育孩子的全部秘密在于相信孩子和解放孩子。"只有父母充分相信孩子，孩子才会相信父母，真正相互平等有效的沟通也才会开始，真正的教育才会开始。相反，如果父母对孩子不信任，直接导致孩子对父母的不信任，也就加剧了父母与孩子之间的不理解。不论什么原因，如果对孩子不能怀有信任的态度，如果没有让孩子感觉到父母对自己的信任，教育不仅没有正效应，反而会激起孩子强烈的反抗心理，最终使家庭教育一败涂地。

每一个孩子都需要父母的信任。对孩子善良的天性和做事的能力充满信任，才能让孩子朝着父母期望的方向发展。可以说，父母的信任是孩子建立自信的催化剂。父母选择信任孩子，孩子的内心会感到非常的愉悦，亲子关系也会更加融洽。

有一位母亲，将女儿视为掌上明珠，女儿都13岁了，她还是从来不肯撒手让其独行，甚至离家几步之遥的地方都不让孩子独自去，生怕孩子过马路被车碰着，怕遇到突发事件不会处理等，孩子有几次挣脱母亲的手，想独立地办自己的事，都被她硬拽回来了，孩子眼中含满了泪水。之所以这样，是母亲对孩子处理这些事情的能力缺乏信任，确切地说，是对孩子本身缺少一种信任。

有一次，孩子想自己上书店看书，母亲没有答应，孩子非常正式地跟她说："妈妈给我一次机会，信任我吧，我肯定没有问题。"面对孩子近似乞求的语气，母亲决定给孩子以信任。

两个小时后，孩子高高兴兴地从书店出来了，一种自豪的表情挂在脸上。从这以后，孩子能自己处理的问题，母亲就放手让她去做，有时还把一些重要的事情交给孩子办，完成得都不错，孩子也感觉到了母亲对她的信任，变得懂事多了，还告诉母亲很多知心话，把她当成自己的一个好朋友。

只有我们充分信任孩子，孩子才可以真正地做自己的主人。成长是需要锻炼机会的，而孩子获得多少机会，则得益于父母对孩子的能力有多信任。如果父母看不到孩子潜在的能力，动辄包办代替，孩子动手的机会就会少，能力就会弱。家长要在孩子的生活管理上放手，培养孩子的生活能力，培养孩子的胜任感，让他们能够产生信心去处理生活上的事务。这样，才能建立起相互信任的亲子关系。

父母的信任是孩子成长最重要的支持力量。一个孩子只有在父母的信任中才能有较高的自我价值感，才能拥有自信心。

有一位单亲妈妈，因为平时工作繁忙，根本没时间过问孩子。有一次，妈妈偶尔闲下来跟孩子谈话，末了说了这么一句话："我都没怎么管你，一来我忙，二来我看你也很努力，功课不错。我一直相信你能做到的。"

听妈妈这么说，孩子觉得妈妈在表扬自己，决心一定要自己管好自己，不用妈妈多操心。

这个孩子当时正上初一，成绩中上，平时玩得特别疯。妈妈的这句话，让他心里觉得愧疚不已，但是又让他感受到了一种绝对的信任。他在心里暗暗告诉自己：一定不能辜负妈妈的信任和关心。从此以后，这个孩子也玩，但不疯玩，学习特别认真，表现很好。

孩子的成长，离不开父母的信任。信任使孩子对前景充满了信心，是前进的原动力。事实证明，信任和欣赏孩子是最成功的教育方式之一，更是最基本的教育原则，而这一教育原则与方式，适合于每一个人。

在家庭教育中，父母的信任可使孩子感到他们与父母处于平等的地位，从而对父母更加尊重、敬爱，更加亲近、服从，心里话乐于向父母倾吐。这既增进了父母对孩子内心世界的了解，又使父母教育孩子更能有的放矢，获得更好的效果。反之，若父母对孩子持不信任或不够信任的态度，就无法了解孩子的愿望和要求，孩子的自尊心和自信心必然会因此而受到伤害，他们对父母的信赖也势必减弱。这样，家庭教育的效果也会相应减弱。所以，父母在教育孩子的过程中应该信任孩子。

信任是一种鼓励

家长的信任就是对孩子最好的激励，这是真正触动孩子心灵的动力。从教育效果看，信任是一种富有鼓舞作用的教育方式。

> 拿破仑·希尔小时候，母亲就去世了。有一天，父亲宣布再婚。当一个陌生的女人走进拿破仑的家后，很高兴地问候家里的每一个人。她走到拿破仑面前，拿破仑双手交叉着放在胸前，凝视着她，眼中没有丝毫欢迎的表露。父亲对她说："这是拿破仑，是兄弟中最坏的一个。"
>
> 这时，继母把双手放在拿破仑的两肩上，两眼充满慈爱，她说："这是最坏的孩子吗？完全不是。他恰好是这些孩子中最机灵的一个，而我们所要做的一切，无非是把他的智慧发挥出来。"
>
> 继母的信任和鼓励，令拿破仑意识到自己将永远有一个最亲爱的母亲。由于继母的关爱和影响，他终究成就了一番事业。

信任孩子，是一种很重要的鼓励技巧。孩子有了父母对他的信任，做起事情来会更加有责任感和使命感，为了对得起父母的信任，他们会更加努力。

其实父母想要帮孩子树立前进的信心一点都不难，一次不经意的表扬，一个小小的鼓励，都会让孩子激动不已甚至会改变很多。对孩子的信任，能够激发孩子内心的动力，让孩子体会到被尊重和被认可的喜悦。他们会在父母充满信任和好友的目光语言中，慢慢地走向成功，实现他们心中的理想。只要父母认识到了，并且对孩子有足够的信任，那么孩子就算遇到了困难，也能够充满信心，积极发挥主动性，进行自我调整，把困难转化为前进的动力。信任孩子，还有利于激发孩子的学习兴趣，保持良好的心态，提高学习效率和成绩。

相信孩子的潜能

信任孩子，就是要相信孩子潜能无限，有无限的理解力，有无限的想象力，有无限的创造力。相信孩子是个天才、能成才，相信孩子有一颗向上向善的心。即使在孩子遭遇挫折、遭遇失败、犯错误时，不管别人怎样看，作为父母这种信念一刻也不能动摇。

大发明家爱迪生上小学时，不仅没有表现出过人的天赋，反而惹得老师非常厌恶，因为他总是有没完没了的问题。有一次，老师讲数学题，爱迪生突然向老师发问："老师，2+2为什么等于4？"老师觉得爱迪生调皮，故意找茬，很不高兴，就反问："不等于4，难道等于5？"爱迪生很想弄明白数字的奥秘，他想了想，忍不住又问老师："2+2为什么不可以等于5呢？"老师大为恼火，厉声训斥道："爱迪生你故意捣乱，给我滚出去！"遇到责骂，爱迪生只好委屈地走出教室。

爱迪生回家后告诉妈妈："妈妈，我想要知道加法的道理，可老师却骂我。"妈妈听了儿子的叙述很是生气，她找到学校，质问老师："你作为一个老师，太不了解学生的心理。"这位老师说："我只管教书，不管学生的心理。"爱迪生母亲说："你这样教孩子，孩子怎么学得会？"

　　结果爱迪生离开了这所学校，由当过老师的妈妈教他读书。在母亲的培养下，爱迪生的求知欲越来越强，他一边读书一边在地窖里建起一个小实验室。虽然家境贫困，他没能像其他孩子一样接受系统的正规教育，12岁那年到火车上当了一个报童，但母亲已在他幼小的心田里播下了科学的种子。经过长期刻苦钻研，他终于成为最著名的大发明家，他一生为人类贡献了一千多项发明。

　　信任孩子就是要让他感受到自己的能力和价值得到认可。当孩子得到家长的信任，就会对自己的能力和价值更有信心，信任就能激发孩子更多的自信心和创造力。

放低姿态，与孩子平等相处

　　平等是人际关系的基础。没有平等，就没有尊重；没有尊重，就没有爱；没有爱就没有教育；没有教育就谈不上孩子的成长与发展。

　　美国精神病学家威廉·歌德法勃曾经说过："教育孩子最重要的是要把孩子当成与自己人格平等的人，给他们以无限的关爱。"只有和孩子平等相处，才能做到尊重孩子，为有效的亲子沟通铺平道路，才能和孩子成为朋友。

　　遗憾的是，长期以来传统给予父母太多的权力，父母习惯于居高临下，高高在上，把自己的主观愿望强加到孩子身上，而很少考虑到孩子内心的真实想法。当自己的愿望与孩子的想法发生碰撞时，父母总会强制孩子按自己的意愿行事，很少考虑孩子的感受。父母以这种居高临下的姿态来关心孩子，往往适得其反。

　　事实上，孩子有思想的权利，有人格和尊严上的平等。他们希望父母

好父母
给孩子最好的教育

能够给予他们同成人一样的尊重和平等。父母只有平等对待孩子，走进孩子的心灵，做孩子心灵的朋友，用童心对童心，与孩子平等交流和对话，孩子才有可能感受到平等和尊重，才会听父母的话。

李女士搬了新家，看着刚装饰好的新房，心里别提多高兴了。晚上，她和老公都要加班，只好让女儿自己在家。

可是当她回到家后，却发现洁白的墙壁上被女儿画得乱七八糟，还写上了"爸爸妈妈我爱你们！"几个大字，她正想批评女儿，女儿兴奋地跑过来对她说："妈妈，你看我画得好吗？"

一瞬间，李女士放弃了居高临下训斥女儿的想法，和蔼地对女儿说："你画得非常好，谢谢你。爸爸妈妈也同样爱你。不过，你看这洁白的墙壁，被你画上了画，写上了字，就像别人在你白净的小脸上写字一样，你会高兴吗？所以说墙壁也会十分难受的。以后记住不要在墙上画画，应该在纸上画，最好是在自己的图画本上画，那样多好啊！"

女儿看看被自己画得乱七八糟的墙壁，又摸摸自己的脸，羞愧地对妈妈说："妈妈我错了。""嗯，这才是妈妈的乖宝贝。我知道你不是故意的，所以妈妈不怪你。不过星期天要和爸爸妈妈一起给墙壁洗脸，好吗？""好啊，我要给墙壁洗脸，让它干干净净的。"女儿拍着小手说。

平等相处、平等沟通是教育孩子的有效方法。父母应该彻底抛弃高高在上、板起面孔说教的架势，变居高临下为与孩子平等相处、平等交流。这样，孩子才愿意向父母吐露心声，由和父母对着干变为愉快合作。

在家庭教育中，父母要放低姿态，以平等的心态对待孩子，把孩子作为一个独立的个体来看待，在相互尊重的前提下，进行平等的对话。虽然孩子人小，但他们并不喜欢父母一直都把自己当小孩子看待，他们希望父母能站在自己的立场上与自己进行平等的对话，这样，会让他们觉得父母是尊重他们的。在他们幼小的心灵里，有一种得到大人认可的渴望。

平等，不仅存在于大人之间，大人与孩子之间也需要平等。我们必须认识到在人格上，孩子与成人是平等的，父母应给孩子应有的平等。给孩子平等对话的机会，就是对孩子人格的一种尊重。只有与孩子平等交流，尊重孩子，了解孩子，才能与孩子建立和谐、宽容的亲子关系，与孩子共同成长。

蹲下身子与孩子说话

人与人之间经常需要思想上、感情上的平等交流，每一个成长中的孩子，即使是刚刚学步的孩子，也都有这种渴求。要做到平等地对待孩子，家长首先就要抛弃那种居高临下与孩子谈话的姿态，蹲下身子，以平等的态度对待孩子。

一位中国教师去澳大利亚做访问学者，其间有一件事情给她留下了深刻的印象。

一次，她去一位好朋友家里做客，正逢周末，好朋友家便邀请了隔壁邻居来家里共进晚餐。那是一对澳大利亚籍的年轻夫妇，还有两个金发碧眼的小朋友，分别是4岁的儿子约翰和7岁的女儿罗娜。小约翰非常淘气可爱，不一会儿就吃饱了，便离开饭桌要去玩耍。只见那位年轻的妈妈蹲下来，拉着约翰的小手说："约翰，吃完饭了才可以去玩，你吃好饭了，对吗？"约翰点了点头说是。"约翰真听话，好吧，去玩会吧。但别跑太远了。"约翰听完，高高兴兴地跑出去玩了。

这是那位中国教师第一次见到父母蹲下来与孩子说话，所以非常惊讶，印象也比较深刻。

第二天，天气非常好，好朋友一家准备去购物，然后去公园游玩，便又约了那位邻居妈妈同去。那位中国教师再一次见到了那动人的情景。大家准备开车去超市购物，约翰因为姐姐罗娜先坐进了汽车而非常不高兴，站在车门旁发脾气。妈妈来到约翰跟前，蹲了下来，握住约翰的两只手,正视着孩子的眼睛,诚恳地说:"约翰,谁先坐进汽车并不重要,对吗?快上车,做一个听妈妈话的男子汉。"约翰会意地点点头,紧挨着姐姐坐进了车里。

大家在超市里买完东西,来到公园游玩。约翰和姐姐罗娜十分高兴,蹦蹦跳跳地走在前面。光顾着与姐姐玩耍的约翰,一不小心,不知被什么东西绊了一下,突然摔倒在地。大家的心一下揪紧了。

还好,约翰并无大碍。坚强的约翰自己从地上爬了起来。看得出来,这一跤摔得挺严重,他快要哭了,眼泪就要跑出来啦。

这时,年轻的妈妈跑了过去,蹲下来,用鼓励和关爱的眼神望着约翰说:"约翰,绊一下没什么大不了的,你是个小男子汉了,不能哭,对吗?"听妈妈这么一说,约翰马上收住了即将掉出来的眼泪,挺起胸膛,摆出一副坚强的模样去玩了。

家长与孩子谈话时总是居高临下,孩子就会有一种压迫感,有心里话就不愿意跟家长讲。家长如果能蹲下来,与孩子处在同一视平线上,不仅一下拉近了与孩子的距离,而且使孩子体验到被重视的感觉,心里话又怎能不愿意向家长倾诉呢?

多沟通交流,做孩子的知心朋友

现在大多数孩子都是独生子女,在很多方面是孤独的,缺少朋友的关心,这要求父母担当朋友的角色,分享孩子的喜怒哀乐,以平等的态度多与孩子沟通,进而建立良好的亲子关系。

女儿小芳与母亲的关系很好,两人无话不谈。一天晚饭后,小芳问母亲:"假如爱情和事业只能选择一个,你选哪一个?"母亲心里一惊,14岁的小姑娘怎么问了一个成年人的大问题?看来得认真对待,母亲说:"我选择爱情,有了爱情才会有温暖的家,即使事业不成功,也有个避风雨的港湾哪!"哪知小芳竟然胸有成竹地表示:"我选择事业,事业成功了,爱情自然会来。"母亲思忖着说:"事业成功的喜悦也该有人分享啊……"

"可是,爱情太麻烦了,我不喜欢唯唯诺诺的男人。"小芳反驳道。

一语道破天机,母亲知道她一直暗暗和一位男生关系忽冷忽热,并且她正为这似断非断的关系而烦恼。这不,自己就嫌烦了,母亲又不便于捅破。于是,母亲借用了一句歌词自编自唱:"爱情这东西,拥有了好麻烦,没有了又拼命想,来早了添麻烦,来晚了又着急,不早不晚最香甜哪。"小芳会意地笑了。

这真是一个开明、睿智的母亲,她学着与女儿交朋友,学着与女儿平等对话,与女儿的心更加贴近了,交流也更容易了。

与孩子平等相处是现代家庭教育的新理念。所以,父母首先要摘下大人的面具,做孩子的知心朋友,细心观察孩子的情绪变化,了解孩子的喜怒哀乐,并与其交流思想;父母不妨遵循"父母=朋友+老师"这样的思维方式,如果孩子能把父母当成知己和一面镜子,亲子关系就会融洽一些,相互间的交流也更有效,因为教育本来就意味着伴随和支持。

用爱陪孩子一起成长

爱是孩子的精神食粮。诺贝尔奖获得者李远哲说,爱比原子弹更有威力,缺失爱的孩子大多性格有缺陷。成长中的孩子对爱和关注的需要是非常强烈的,来自父母的关爱可以让孩子感受到安全与信任,有安全感和信任感的孩子往往才能身心健康。

爱是教养孩子的基础,没有爱就没有资格去谈教育孩子。然而遗憾的是,对于很多孩子而言,父母的关爱成了奢侈品,他们经常感到孤独,找不到方向,不自信,害怕面对世界的一切,担心未来。这样的状况,来源于那些孩子内心很渴望爱，渴望生命与生命之间的亲密感。人只有在与他人的关系中体会到被爱和亲密感，才能体会到自身生命的价值和意义，从而变得自信和勇敢。这份爱早年来自于父母。因此，缺乏爱的孩子，没有父母陪伴的孩子，没有得到父母充分理解的孩子，生命一直都是孤独的。这样的生命，他的自我价值往往是脆弱的，容易受到外在环境的影响，在现实生活中也更容易恐惧和退缩。

在一堂企业高管的培训课上，有一位公司经理问老师，为什么自己在社交场合可以与人侃侃而谈，和朋友聚会可以谈笑风生，在企划会上也会自信地抛出自己的方案，然而当转身面对自我时，有时却不免产生孤独、无助、寂寞的感觉。老师询问了他的成长经历，得知他刚出生半年，母亲就因病去世了，是保姆把他带大的。幼小的生命缺少母爱，被关注的愿望没有满足而留下的不安全感，由此会影响孩子的一生。

让孩子感受到爱

人在童年时代最需要的是父母之爱，童年是培养健康心理的关键时期，如果这个阶段得不到充分的父爱和母爱，将会对一个人的心理发育及性格形成产生很大的影响，很多成年人的心理障碍都与他们在童年时代缺乏父母之爱有密切的关系。如果我们很幸运，在童年时就感受到父母的爱，那么可能会很自然地将这种爱传递到孩子身上。很多人在自己的童年、少年时期没有深切地感到父母的爱，所以他们现在就担心自己的孩子感受不到爱。可怜天下父母心，但仅仅爱孩子是不够的，身为父母还需要学习表示爱、传达爱的技术。

再浓烈的爱，如果孩子感受不到，是没有任何意义的。爱就像阳光，无论父母心里的爱多么强多么大，如果孩子感觉不到，他就会觉得冷，就会处在阴暗中，就会不太健康，就会出状况。

父母对孩子的爱，一定要让孩子感受到。很多研究表明：感到被爱的孩子，有更好的社交能力，工作学习起来也更有热情。所以父母要有意识地表达对孩子的爱，让孩子沐浴在爱的阳光中。只有让孩子感受到父母的爱，孩子才会体验到在爱的怀抱中，才会感觉到幸福与安全，才会对父母心生感激。

总之，父母千万不要把对孩子的爱埋在心中，而要用合适的方法体现出来，让孩子能够接收到父母爱的信号，这样孩子与父母的关系才会由僵持走到缓解、由一般走向融洽，教育孩子的一切问题都会在这良好的关系中得到有效的解决。

用举止表达对孩子的爱

父母与孩子之间身体的相互接触，是传达爱意和亲情的良好沟通方式。父母可以通过这样的亲昵动作来表达自己对孩子的爱。

一个10岁的小男孩，经常偷偷地把母亲的一只宠物狗放走，母亲不惜花重金找狗，狗接二连三地走失又回来，后来小男孩终于受不了了，在家公开宣称，在这个家里有狗没他，有他没狗。后来在奶奶和父母的再三追问下，孩子哭诉道："妈妈一天到晚只是抱狗，从不关心我的学习，我特别忌妒狗，它夺走了我的母爱。"这位母亲听后十分内疚，很快改变了对待孩子的态度。

孩子天性就需要被关爱，需要父母的爱抚和拥抱，无论男孩或女孩都是如此。对他们来说，最好的表达爱的方式就是父母的行为举止。因此，父母每天下班回到家，不妨拍拍孩子的小脑袋，或者握一下他的小手，微笑着说："喂，宝贝，今天过得怎么样？"孩子可能会像一只叽叽喳喳的小麻雀，快乐地诉说着这一天的学习生活，这时父母要做的，就是坐下来认真地倾听他的诉说。

站在孩子的角度看问题

在人与人之间的交往中，有一种处理人际关系的思考方式——换位思考。简单地讲，就是互相宽容和理解，多站在别人的角度上思考，它是一种理解，也是一种关爱，更是人与人之间交往的基础。

在教育孩子方面，我们也要学会这种换位思考，即站在孩子的角度考虑问题。美国教育家塞勒·赛维若说过这样一句话："每个人观察、认识问题，都会有自己的视角和立足点。身份、地位不同，所得出的结论就不同。若能站在孩子的立场上思考，一切将迎刃而解。"的确如此，对于父母来说，要想逾越和孩子之间的鸿沟就必须学会站在孩子的角度去考虑问题，设身处地为孩子着想，全面而准确地透视孩子的内心世界。

> 有个幼儿园老师要求小朋友画自己妈妈的脸，绝大部分小朋友都把自己的妈妈画得特别漂亮、特别完整，结果有一个小女孩儿只画了一条弯弯的线。老师觉得非常奇怪，便告诉了她的妈妈。她的妈妈也觉得很疑惑，便问她的女儿，可她的女儿坚持说她画的妈妈就是这样，她妈妈心里非常不解，以为这个孩子智力是否有什么问题。直到有一天，她蹲下来帮女儿系鞋带的时候，抬头看她的孩子才恍然大悟，原来每次她的孩子抬起头看到她的时候，最容易看到的是她的下巴，所以那一道弯弯的线就是她的下巴。

其实这个女孩子画的是最真实的，而这个困惑只有当我们站到孩子的角度来看时才能找到它的答案。

的确，孩子的眼光和成人的眼光确实不同，做父母的常常忽视这一点。父母多习惯于用成人的眼光看待事物，而涉世未深的孩子却会用审美的态度和一颗童心去感知世界，如果父母想要理解孩子，就要不带成见地去观察和表现生活，用心体会孩子眼中的一切，这样才能正确地引导孩子。所以，父母只有学会换位思考，站在孩子的角度考虑问题，这样才会看到很多成人看不到的东西。站在孩子的角度看问题，可以理解孩子的真实想法，与孩子产生情感上的共鸣，拉近亲子之间的距离。

丽丽是小学四年级的学生。有一天，她放学回家后，抱怨老师当着全班同学的面向她大声斥责。妈妈听后用质问的口气说："你是干什么错事了？"丽丽瞪起眼，很生气地说："我什么也没干。""不会吧，老师不会无缘无故地斥责学生的。"丽丽重重地坐在椅子上，一副不开心的样子盯着妈妈。

妈妈继续责问："那么你打算怎样解决这个问题呢？"丽丽倔强地说："什么也不做。"如果这样再问下去，母女之间一定会对立起来，什么问题也解决不了。此时，妈妈改变了态度，用一种友好的语调说："肯定你当时觉得很尴尬，因为老师在全班同学面前斥责你。"丽丽有些怀疑地抬头看了妈妈一眼，妈妈接着讲："我记得我上四年级时，同样的事发生在我身上，其实我只是在算术考试时站起来借了一支铅笔，老师就让我下不了台，我感到十分尴尬，也很气愤。"

丽丽露出轻松的样子，很感兴趣地问："真的？我也只是在上课时要求借一支铅笔，因为我没有足够的铅笔，我真的觉得为这么简单的事，老师教训我，不公平。""原来是这么回事啊。那么你能不能想出办法，今后可以避免这种尴尬的情况再出现呢？""我可以多准备一支铅笔，那就不用打断老师讲课而向别人去借。""这个主意不错。"

事例中的这位妈妈是睿智的，她从女儿的角度出发，考虑到女儿的感受，自然与女儿的沟通就比较顺利了。

站在孩子的角度，是对孩子的尊重，是有效沟通的一种重要技巧。作为父母应该学会换位思考的方法和技巧，当孩子遇到问题时，能够迅速以孩子的位置和角度来看待问题、分析问题，才能有效地解决问题。不仅如此，换位思考还是一种了解孩子真实想法，快速拉近和孩子心灵距离的有效方法。

忙里偷闲，再忙也要陪伴孩子

在现今的社会中，忙碌是人们的现状，对于已为人父人母的家长来说更是如此。不少父母常常忙碌于工作，因此陪伴孩子的时间实在有限。但是，无论怎么忙碌，孩子的成长都不能重来一次，父母一定要在有限的时间内，把对孩子的关心和爱，满满地表达出来。

每天晚上，瑶瑶都要听着妈妈的故事入眠。而爸爸，在瑶瑶心目中总是忙忙碌碌、早出晚归的，回来后总是满脸疲惫。一天，妈妈有事在忙，瑶瑶却吵着要听故事，妈妈只好对瑶瑶的爸爸说："老公，你去给瑶瑶讲个故事，让她赶紧睡觉吧。"

爸爸抬头看了一眼墙上的钟，又低下了头，说："还是你去吧，我这儿还有好多公文需要审阅，没有时间。再说了，她睡觉都习惯有你，我去了她也未必愿意。"

几天后，爸爸去学校开家长会，老师说到瑶瑶在学校里的学习表现：写作业不认真，不喜欢和同学一起玩，等等。老师希望家长能够多抽点时间陪孩子一起学习。这让瑶瑶的爸爸感到惭愧，这些日子他一边忙着公司新品推广的事，一边忙着参加培训班，每天早出晚归，搞得自己忙忙碌碌，真的忽略了对孩子的关心。

那天回家后，爸爸放下了手头的工作，陪着瑶瑶一起做作业，和瑶瑶一起做游戏，在瑶瑶的脸上，爸爸看到了幸福的微笑。那天晚上，爸爸给自己定下了一条铁的纪律，每天下午四点半接瑶瑶，任何会议、工作和应酬都不能打扰。

陪伴是父母爱孩子的一种方式，父母多花点时间来陪伴孩子，可以让孩子体会到父母对他们的疼爱和呵护，增强亲子之间的亲情，从而加深彼此的感情。孩子和父母之间的情感沟通就这样微妙地进行着。孩子是从父母的爱中学会爱父母及别人，使孩子信赖父母信赖别人，使孩子相信无论何时何地遇到什么挫折或困难，父母的爱都能使他们获得安慰和支持，并使他们变得更加勇敢和坚强。

法国著名少年节目主持人克里斯琴·施皮茨博士也曾经说过："培养你们的孩子，就应多和你们的孩子在一起，因为亲情的抚慰与关怀，有助于孩子的成长。"如果真的爱孩子，有空时多陪伴孩子，也许父母不在意，但这会带给孩子无比的快乐和意想不到的结果。

有一位事业颇为成功的父亲长期以来都非常苦闷，一次他对朋友说："我尽管与儿子住在同一套房子里，但是一周都见不到几次面，更别说陪儿子玩了。"

朋友诧异地说："你晚上回家后总可以与孩子说说话呀！"

"唉！我晚上不是加班，就是应酬，很晚才回家。回到家，儿子早睡了。第二天一早，我醒来时，儿子已经上学去了。中午儿子在学校吃午餐，我在公司吃午餐，也见不上面。"

"你这样不觉得亏欠儿子什么吗？"

"你知道，现在竞争这么激烈，我感觉自己像是脚踏在水车上，不停地踩，从一项业务到另一项业务，马不停蹄地去做自己不得不做的那些事情。"

停了一下，这位父亲又继续说："我这样辛苦，还不是为了儿子？将来他长大了一定会明白的……"

"不对，"朋友打断了他，"你这不是为了儿子。也许，你自己都不清楚这样的辛苦忙碌是为了什么。你需要好好想一想自己究竟想要什么。"

很多父亲总有这样的想法：如果事业无成，在这块土地上将无法立足，等事业成功了，再抽出时间来陪儿子。其实这是一种错误的想法，孩子的成长是不能等待的，小时候没有建立起来的感情，长大了很难弥补。

孩子的成长只有一次，忽略了孩子的成长，会欠下孩子很多的感情债，他们情感上所缺失的东西不是父母拿金钱所能换回来的。要知道，只注意孩子的物质需要，而忽视了孩子的感情需要，这种爱是片面的、缺乏感情的。人都是需要感情的，对于孩子来说，更需要亲热的情感和父母的温暖，特别是年龄较小的孩子更需要和父母进行亲密的接触，比如搂抱孩子。因为，孩子除了满足自己的感情需要外，还需要从和父母的接触中获得安全感。相反，如果孩子不能通过从亲子情感交流中满足情感的需要，那么对他的健康心理的形成将产生消极的影响。所以，无论父母有多忙，也一定要设法多陪伴孩子，而不仅仅是在物质和金钱上满足孩子。

陪孩子一起玩耍

玩耍是孩子的天性。陪孩子一起玩，不仅可以拉近和孩子的距离，便于和孩子交流沟通，甚至还可以增加孩子的自尊与自信，让孩子心理更健康。

在马克思的家庭里，父母和女儿的关系真挚融洽，充满了人生的乐趣。在孩子们还很小时，马克思就常利用工作的闲暇和孩子们一起做各种游戏。

孩子们兴致勃勃地把椅子摆成"马车"，然后把父亲"套"在车前，孩子们挥舞着"鞭子"，"车"上"车"下一片欢腾。

"爸爸是一匹好马"，这是女儿们对父亲的评价。

在马克思家里，星期日是属于女儿们的。

每逢星期天，即使再忙，马克思也总是放下紧张繁忙的工作，听孩子们"指挥"。他带着孩子们出去尽兴地游玩，让孩子们接受大自然的熏陶，既增长她们的见识，又锻炼她们的意志和体魄。

一次，恩格斯来到马克思的家里，见他正在聚精会神地伏案工作，便赶忙提醒他说："喂，你忘了今天是什么日子吗？"

马克思一听，愣了一下，拍了拍脑门，微笑着说："啊，对了，今天是星期日，星期日应该属于孩子们！"

于是，马克思放下工作，和恩格斯一起，有说有笑、高高兴兴地领着孩子们出去郊游了。

马克思的女儿们永远不会忘记，她们和父亲一起度过的那些愉快的星期日。这些美好的星期日，成为她们记忆中最快乐的日子。

父母多与孩子一起玩耍、交流，有利于其成年后的心理健康，减少他们出现人格障碍的风险。固然在游戏的世界中，孩子才是主角，但父母全身心地投入与陪伴，也是游戏中很重要的一部分。有了父母的陪伴，孩子会玩得更带劲儿，也会因此而拥有一份健康的心态。

陪孩子聊聊天

每个孩子都有交流的需要。每天孩子都会获得很多信息，他们需要把这些信息与周围人进行交流，从而获得美好的情感体验。

多陪孩子聊聊天，与孩子分享每天的生活点滴，是创造亲子间坚韧情感的重要基础，不仅可以引导孩子养成倾听与倾诉的习惯，还可增进父母与孩子之间的感情，从而更好地发挥教育的作用。

余洋的父母都是生意人，为了给余洋创造更好的生活条件，他们在外面拼命工作，天天早出晚归，因此余洋平常很难见到父母的面。余洋虽然花钱不愁，但只要她看见别人一家人在一起其乐融融的情景，就会对父母心生怨恨，认为父母只认识钱，不在乎自己，不爱自己。这样，余洋与爸妈的关系弄得很紧张。

余洋的父母注意到了女儿的不满情绪，于是抽空与女儿聊天，了解到孩子渴望父母陪伴自己，希望父母经常在自己身边。这样，余洋的父母商定决定，每天无论多忙，都要抽出一定的时间来陪伴孩子。这样决定后，父母每天都遵守约定，轮流抽出一段时间来陪伴孩子。余洋从中感受到了父母对自己的爱，每天心情都非常快乐。

和孩子聊聊天是对孩子最好的关心与帮助，能拉近与孩子的距离，使孩子信服父母，对父母产生信任感。这样父母才能了解自己的孩子，更好地指导他的学习和生活，促进孩子的健康成长。所以，父母无论平时工作多忙，每天都要坚持抽出至少10分钟和孩子聊聊天。10分钟的时间虽然不长，但可以保证父母和孩子每天都有沟通，不断增进感情。

跟孩子一起吃晚餐

当代人生活的确异常忙碌，父母忙工作，孩子忙功课，全家人要聚在一起吃顿晚餐，还得经过全家人的努力才能聚到一起。许多家长都承认，全家聚在一起吃晚餐的时间，是联络亲子感情的最佳时机。很多父母也认为，经常跟孩子一起吃晚餐，使他们有机会了解孩子的现状；跟孩子谈论各种事情，能帮助他们深入了解孩子的内心世界。

倾听孩子，让他感受到尊重和认同

每个人都需要倾听，孩子也不例外。对孩子来说，随时有人倾听自己、关注自己，这是一种心理上最大的支持。孩子能把自己心中的烦恼表达出来并且确知不会受到嘲笑，这更使孩子感受到父母的尊重，有利于解决问题、摆脱烦恼，非常有利于孩子的身心健康。孩子心中的烦恼就像一场暴雨后的水库，父母的倾听就像是打开了一道闸门，让孩子心中的洪水缓缓流进父母那宽阔的胸膛。

赏识教育家周弘曾说过："要想和孩子沟通，就必须学会倾听。倾听是和孩子有效沟通的前提。不会或者不知道倾听，也就不知道孩子究竟在想什么，连孩子想什么都不知道，何谈沟通？"可见，倾听是做好亲子沟通的第一步。

有一位母亲，她由于声带发炎，疼得要命，医生嘱咐她一周内不要讲话，这可憋坏了平时爱说话的她。但是，母亲发现，这段时间，自己跟儿子的关系却奇迹般地融洽了起来。

看过医生的当天，儿子回家一进门就说："妈妈，我再也不想去幼儿园了，老师笑话我！"

如果平时听到儿子这么说，母亲肯定先怪罪孩子调皮，声音比儿子的还大。但是由于不能说话，她只好忍住了，什么都没有讲。

气呼呼的儿子来到母亲的身边，伤心地哭了起来："妈妈，今天老师让我们组装玩具，我把小马的耳朵给小驴安上了，老师就笑话我，小朋友们也都笑我。"

母亲依然没有说话，而是把伤心的儿子搂在了怀里。儿子沉默了几分钟，从母亲怀里站了起来，平静地说："妈妈，我去玩了，我没事了。"然后就高高兴兴地走了。

这次声带发炎，无意中让这位母亲体会到了倾听对于和谐亲子关系的奇妙功用。

想要打开孩子的心门，探究孩子的内心世界，父母必须学会倾听孩子的心声。许多父母虽与孩子朝夕相处，却对他们并不了解。不了解孩子的想法，就很难有效地应对孩子的不听话行为。父母要想在纠正孩子的不听话行为上取得有效的成果，首先得亲近孩子，取得他的信任，走进他的内心。耐心地倾听孩子的诉说，让孩子体会到关爱和温馨，从而对父母更加亲近与尊敬。这有利于孩子把自己的想法告诉父母，有利于父母对他们的不听话行为，进行明确的教育和指导。

丽丽上小学四年级的时候，和妈妈讲话时，态度很不好，比如有一天丽丽放学回家，妈妈问她："你到哪去了？怎么晚了一个多钟头？"丽丽说："我和同学一起到张小叶家玩儿了。"妈妈很生气地说："你知不知道，我很担心！以后放学后就回家做功课，不要到处去玩儿！"丽丽听了脸色很难看，然后不理妈妈就回房间去了。

开始妈妈认为自己说的话和语气不好，但是妈妈发现丽丽越大越不听话，就开始担心丽丽现在有许多话不跟自己说，将来会发生什么问题。于是妈妈就去翻阅相关的书籍，终于让妈妈找到一个"药方"：多倾听孩子的诉说。

从此妈妈不再对丽丽的言行做判断，即使当丽丽不同意自己的看法时，也是先承认丽丽可以有自己想法的权利，并积极做丽丽的倾听者。比如有一天丽丽放学回来说："妈，我好难过，今天考试考坏了。"妈妈听了，不再是责怪，而是停下手边的家务，坐下来对丽丽说："愿意说给我听吗？"丽丽看了看妈妈理解和关切的脸，把自己考试考坏的情况给妈妈讲了。妈妈听后，和丽丽一起分析了失败的原因，并和丽丽一起制定了相应的补救措施。

听完丽丽的诉说，和丽丽分析完情况，已经是深夜了。丽丽感激地投入妈妈的怀抱说："妈妈你真好！"那一刻，丽丽妈妈的嘴角浮现出了幸福的笑容。

倾听孩子的诉说是一把开启孩子心灵之门的金钥匙。德国教育家老卡尔·威特说过："我在教育卡尔的过程中，渐渐掌握了一些与孩子进行沟通的经验，其中之一我称为'倾听的艺术'。"人的思想往往需要通过语言表达出来，如果父母不愿意倾听孩子的心声，父母怎么可能全面地了解孩子呢？不了解孩子，与孩子沟通时就会更显得费劲。所以，只有用心倾听孩子的心声，才能捕捉到有效信息，找准教育的切入点。

耐心听孩子把话说完

不要因孩子话语过长而感到厌烦，父母要善于控制自己的情绪，耐心地听孩子把话讲完，特别是孩子发表见解或有火气的时候，更要耐心倾听，给孩子提供表达情感的机会，从而有助于问题的解决。

李敏的儿子15岁，在英国留学。暑假回来，在一次聊天中，李敏假装地随意问他："你有没有女朋友啊？"儿子郑重其事地想了想，回答说："还没有，不过我已经亲过6个女生了！"李敏当时听了差点没有从椅子上跌下来，不过，她没敢做出任何反应，只是又假装淡然地问："哦？已经亲过6个女生了啊，那后来呢？"儿子说："没有后来啊！反正她们都很丑！"

于是，在接下来的时间里，他开始一一描述这几个女生难看的地方，有的青春痘太多，有的牙齿有点暴突，而李敏，就真心地和他一起讨论，笑得东倒西歪地听他夸张的描述。一直到最后，李敏才又淡淡地说："哎！你知道亲过以后就不能继续再做什么了吧？"儿子说："放心！我知道，我又不是傻瓜，我们老师说了，我们现在还太小，还不能负责任呢！"

在倾听孩子诉说的过程中，家长要有一点耐心，哪怕是刚开始听到很不满的情况，或孩子是错的，也要让孩子说完，这样才能对事情原委做出正确的判断和评价。话只听半截，很可能会曲解孩子的真实想法和做法。所以说，只有学会倾听和认同孩子的感受，让孩子有诉说的机会，父母才能更多地了解孩子，并对孩子不正确的思想与做法及时进行纠正与引导。

不要打断孩子的话

孩子虽小，但他们也有独立的人格尊严，有表达内心感受、阐述自己看法的自由。父母千万不能因为烦，就粗暴地打断他们，不要总是居高临下，而是要表示出认真倾听的样子，表示出倾听的兴趣，孩子就会兴致勃勃地讲下去，进而表达出自己的情感和思想，良好的亲子关系就建立起来了。

李昱是小学三年的学生。一天早餐时，他兴奋地对妈妈说："妈妈，我昨晚做了一个奇怪的梦，梦见……"妈妈摆摆手说："别说了，快吃饭！一会儿上学要迟到了！"李昱埋头吃完饭，背起书包上学了。晚饭时，李昱又想起昨晚的梦境，对妈妈说："我昨晚做了一个梦，可有趣了！……"

还没说完，妈妈便又打断他说："先吃饭，吃完赶快写作业！"吃完饭，李昱说："我今天作业不多，一会儿再做。先给你讲我的梦吧！"妈妈不耐烦地说："一个梦有什么好讲的。赶快写作业，写完作业再预习一下明天的内容。"说完就走了，留下李昱一个人失落地站着。

渐渐地，妈妈发现儿子变了。以前，每次放学回来，他总是妈妈长、妈妈短地说个没完，现在却什么都不说。许多事情，都是班主任给妈妈打来电话，妈妈才知道。对自己的许多话，孩子也开始置之不理。儿子这是怎么啦？妈妈又迷惑又伤心。

作为孩子的父母，只有认真倾听对孩子的诉说，才能产生交流中的互动。否则，没等孩子说完两句话，就不耐烦了，那就会伤了孩子的自尊心。这种交流方式不仅让孩子学会了隐藏自己的真实想法，渐渐地还向父母关闭了自己的心灵之门。

第三章　成长是孩子自己的事，不要替孩子成长

孩子的成长是孩子自己的事，家长可以帮助孩子成长，但绝不能代替孩子成长。孩子的成长是需要体验的，家长的代替会影响孩子能力的发展。所以，家长不要成为孩子成长路上的阻碍，要试着放开双手，让孩子活出自己的天地，展现自己的天赋才华，去创造属于自己的健康、快乐、富足的人生！

第三章　成长是孩子自己的事，不要替孩子成长

不要过多干预，给孩子自由的空间

"今天的孩子幸福吗？"谈起这个问题，家长们通常会说，现在的孩子就像蜜罐里长大的一样，几乎要什么有什么，还能不幸福吗？可孩子似乎并不这么认为。

教育专家、著名的"知心姐姐"卢勤说，一次她对一个孩子说："有6个大人爱着你呢，多幸福啊！"结果小孩回答："幸福什么？12只眼睛盯着我一个，看你累不累。"孩子需要的不是钱有多少，房子有多大，而是一个宽松和谐的成长空间。

自由自在是孩子的天性。想让孩子快乐成长就必须尊重规律、尊重孩子的天性，让孩子拥有一些自由的空间。否则，过分管束孩子，过分催逼孩子，对孩子的身心健康是十分有害的。

李国强是个小学四年级的男孩。因为父母对他疼爱有加，所有的事情都为他包办了，所以李国强什么家务都不会做。父母还时刻担心他的安全，虽然学校距家很近，但是每天父母再忙也会抽时间去接送他。甚至在李国强与别的孩子玩时，李国强的父母也在一旁陪伴，怕李国强与别的小朋友发生矛盾，打起架来吃亏。

父母几乎成了李国强的影子，除了上学时间不跟着他，剩下的几乎所有时间父母都陪伴在他的身边。李国强没有一点自由的空间，他感觉到憋闷、压抑、不开心。本应是快乐的童年，在李国强眼里却变得很沉闷。

李国强不但不快乐，动手能力不强，还形成了懦弱的性格。不管遇到什么事情，他都向后退缩，没有自己的主见，没有独立的意识，

好父母
给孩子最好的教育

没有向前的勇气……

管得太多太死，不给孩子自由的发展空间，使孩子没有任何自我发挥的余地，甚至可能比责骂、羞辱孩子效果更坏。孩子的发展，要遵循天性，对孩子行为的不当干预，不仅会束缚孩子的求知欲，而且会挫伤孩子的自信心，对他的智力发展和人格形成都有不利影响。所以父母要给予孩子自由的空间，要让孩子自由地发展。

美国总统富兰克林·罗斯福的母亲非常尊重富兰克林的意愿和想法，给了富兰克林一个自由成长的空间，使他能尽情地享受童年的欢乐，这对富兰克林个性的发展和良好品格的形成有很大的帮助。

富兰克林出生在一个民主的家庭，他的妈妈总是非常尊重他的想法。在一些非原则性的问题上，妈妈只是给富兰克林提些建议，她完全尊重富兰克林自己的决定。这不仅促进了富兰克林与妈妈之间和谐的关系，也使富兰克林从小就非常有主见。

幼年的富兰克林长着碧蓝的大眼睛，鼻梁挺拔端正，一头金色的卷发，显得英俊、神气，很招人喜爱。妈妈很喜欢富兰克林这头漂亮的卷发，并喜欢用各种服装来打扮年幼的富兰克林。但是，妈妈为他选择的衣服，富兰克林却并不喜欢。

有一次，妈妈想给富兰克林穿绉布质地的套装，富兰克林大胆地说出了自己的不满。

还有一次，妈妈想说服富兰克林穿苏格兰短裙，富兰克林又拒绝了妈妈的好意。最后，富兰克林和妈妈一致同意穿水手服。

关于这段故事，富兰克林的母亲在她的《我的儿子富兰克林》一书中这样写道："做妈妈的对于衣饰的品位虽然高雅，可是执拗的儿女却并不喜爱。"可敬的是，富兰克林的妈妈并没有强迫孩子听从自己的安排，而是非常尊重孩子的意愿和选择。

后来，渐渐长大的富兰克林想把自己的鬈发剪掉，尽管妈妈非常喜欢儿子的鬈发，但是她还是同意了富兰克林的请求。富兰克林对妈妈说："我现在长大了，我也想具有独立精神与责任感，而现在这一头波浪似的鬈发与这些品质不匹配。"妈妈听了富兰克林的话，非常理解儿子的心情，并且帮助儿子剪掉了鬈发，实现了富兰克林走向成熟的第一步。虽然剪掉了鬈发，但是，富兰克林的妈妈却保留了儿子的几缕鬈发，并把它们与富兰克林幼年时期的其他纪念品放在一起珍藏着。

孩子的成长和发展需要一个自由、宽松、开放的环境，需要在父母的热切期望和等待中来引导。父母给孩子自由的发展空间，不是对孩子放手不管，而是根据孩子的意愿，顺应孩子的天性，对孩子加以合理引导，让孩子自主地发展，让孩子更加愉快、健康、自由地成长。

尊重孩子的隐私和秘密

在现实生活中，有些父母却把孩子当作自己的私有财产，随便干涉孩子的隐私：偷看日记、私拆信件、监听电话、暗中跟踪……凡此种种，都让孩子感到难堪，其结果，只能是失去了孩子的信任，让孩子觉得不自由。

有一位上初中二年级的女学生，经常喜欢写日记。她喜欢把日记本放在抽屉里，可是最近她发现母亲动过她的日记本，这让她感觉很生气。于是她想了一个办法，她在抽屉最上边放了一张白纸，纸上放五根头发丝。第二天，她发现头发丝没有了，显然抽屉被动过。第二天，她放了一张纸条，上边写道：请尊重我的隐私。结果，还是有人动她的抽屉。第三天，她在上边写道：不尊重别人隐私的人也不配得到别人的尊重！这下可了不得了，母亲不再偷看，而是当着孩子的面打开抽屉去看她的日记，并说："小毛孩子，还跟我们谈什么隐私，谈隐私也轮不到你的分上。"这位女学生怒气冲冲地顶撞母亲道："你侵犯了我的隐私权！"母亲听了淡淡一笑："在家里你是我的女儿，我是你妈，我有权力看你的日记和信件。"

有些父母没有"孩子也有隐私"的观念，觉得孩子有秘密就是有隐瞒，是对父母不信任，是最不能容忍的。他们没有意识到孩子正在长大，没有真正考虑到孩子的感受。他们总觉得孩子年龄小，父母可以替他做主。实际上，这种想法是非常错误的。父母要明白一点，孩子首先是一个人，而不是父母的附属品，他有自己独立人格，自然就有情感上的独立。所以，父母应以朋友的身份与孩子交谈，给孩子以一定的心理空间，让他们尽量自己处理生活、工作、学习中的问题，要相信和培养孩子处理问题的能力。

尊重孩子独立的愿望

生活中，很多家长溺爱孩子，对孩子不放心，总是处处干涉，支配孩子，这样的结果就是让孩子失去了独立意识、失去了自己的空间，什么事都依赖父母，变得畏首畏尾，对生活失去自信，严重的甚至可能引起孩子的逆反心理，导致孩子和父母之间的冲突，这对孩子的成长是不利的。

有一位妈妈，她非常疼爱自己的女儿，为女儿安排好了生活中所有的一切：一周的饮食表、每天的作息时间、餐后的娱乐活动、练琴、朋友生日时送什么礼物、每天去学校穿哪套衣服，甚至梳哪种发髻搭配哪件衣服，妈妈都有精心的安排。

每天，女儿从学校回来妈妈都会问她很多问题，比如"和同学相处得怎么样？""老师上课的内容能听懂吗？""妈妈准备的点心吃了吗？""大家喜欢妈妈为你搭配的衣服吗？"妈妈认为女儿会很开心自己为她打点好了一切，因为她确实是一个很能干的妈妈，她相信在女儿的心里一定会为自己有这样一个好妈妈而觉得骄傲。

然而，女儿一天比一天不快乐，终于有一天，她对着妈妈大喊大叫："你总是给我安排好一切，总是问我那么多的问题，可是你从不问我到底喜不喜欢你为我这样做，也不问我开心不开心！"

妈妈很伤心:"难道这样的妈妈你还嫌不够称职吗?"

"我希望我的妈妈是一个会关心我心里想法的人!"

孩子是一个独立的个体,虽然年幼,但他们有独立的人格和自我意识,他们有自己的想法和观点。父母不能因孩子的弱小、对成人的依赖,而无视他们独立人格和自我意识的存在,以自己的主观判断和意愿为出发点来爱孩子。父母应该给孩子充分的自由空间,让孩子学会自主地安排事情,提高生活的独立决断力。

移交责任,"菜鸟"才能长成大鸟

所谓责任,就是分内应做的事。每个人都应该有个人对自己和他人、对家庭和集体、对国家和社会所负责任的认识、情感和信念,以及与之相应的遵守规范和履行义务的自觉态度。

责任是一种与生俱来的使命,它伴随着每一个生命的始终,我们从有认知开始就有很多责任。我们不仅对自己负有责任,还要对别人负责,对集体负责任,对国家负责,对社会负责。

有这样一个小故事:

在一个雪天的傍晚,中士杰克先生匆忙地走在回家的路上。路过公园时,他被一个人拦住了。"先生,打扰一下,请问您是一位军人吗?"这个人看起来很着急。"是的,我是,能为您做些什么吗?"杰克急忙回答道。"是这样的,我刚才经过公园门口时,看到一个孩子在哭,我问他为什么不回家,他说他是士兵,在站岗,没有接到命令他不能离开这里。谁知和他一起玩儿的那些孩子都不见了,估计回家了。"这个人说,"我劝这个孩子回家,可是他不走,他说站岗是他的责任,他必须接到命令才能离开。看来只能请您帮忙了。"

杰克心里一震,说:"好的,我马上就过去。"

杰克来到公园门口,看见小男孩在哭泣。杰克走了过去,敬了一个军礼,然后说:

"下士先生,我是杰克中士,你站在这里干什么?"

"报告中士先生,我在站岗。"小男孩停止了哭泣,回答说。

"雪下得这么大,天又这么黑,公园门也要关了,你为什么不回家?"杰克问。

"报告中士先生,这是我的责任,我不能离开这里,因为我还没有接到命令。"小男孩回答。

"那好,我是中士,我命令你现在就回家。"

"是,中士先生。"小男孩高兴极了,还向杰克回敬了一个不太标准的军礼。

小男孩的举动深深地打动了杰克,他的倔强和坚持看起来似乎有些幼稚,但这个孩子所体现的责任心和守信却是很多成年人都无法做到的。

责任心是一个人立足社会、获得事业成功至关重要的人格品质。现在许多父母过分地注意孩子的智力和身体的发展,对孩子的责任心的培养却不大重视,这对孩子的成长成才非常不利。

责任心是孩子健全人格的基础,是能力发展的催化剂。只有具备一定的责任心,人才能自觉、勤奋地学习、工作,做各种有益的事情,掌握各种技能,孩子必须从小培养责任心,以便长大后能尽自己的力量为社会服务、照顾家庭、完成本职工作的义务,从而成为优秀人才。在大力提倡素质教育的今天,家长应用自己的爱心、耐心和智慧去培养孩子的责任心。

世界著名科学家达尔文,曾经在回忆录中记录了自己小时候发生的一件令他终生难忘的事。

第三章 成长是孩子自己的事,不要替孩子成长

11岁的达尔文特别爱踢球。一次,他不小心把球踢到了邻居家的窗户上,玻璃稀里哗啦地落了一地。

邻居闻声走出来,要达尔文赔偿12.5美元。当时,12.5美元是一个很大的数字,可以买125只生蛋的母鸡。

达尔文哪有12.5美元呀?于是,他只好回家去找爸爸。爸爸了解了事情的经过之后,让达尔文自己想办法。达尔文为难地说:"爸爸,我确实没有12.5美元。"爸爸想了想,从兜里掏出12.5美元说:"这笔钱我先借给你,你一年以后一定要还我。"达尔文郑重地点了点头。

从那以后,达尔文开始了艰苦的打工生活。经过半年的努力,他终于挣足了12.5美元,还给了爸爸。

在回忆录中,达尔文解释说,正是通过这件事情,使他懂得了什么是责任,懂得了一个人要对自己的行为负责。

培养孩子的责任心,也就是要求孩子勇于对自己的言行负责。不论孩子有什么样的过失,只要他具备承担责任的能力,就要勇敢面对,不能让他逃避和推卸,更不能由大人越俎代庖。

美国品德教育联合会主席麦克唐纳曾说:"能力不足,责任可补;责任不够,能力无法补;能力有限,责任无限。"对孩子进行责任意识和责任心的教育就是让孩子学会对自己负责,对他人负责,从而对社会负责。责任心是促使孩子向上奋进的内部动力,是孩子赢得成功的催化剂,培养孩子的责任心是孩子成长的必修课。

培养孩子的责任心不是一朝一夕的事,是一个漫长而反复的过程。父母必须高度重视,从小做起,从小事做起,让孩子在有责任心的氛围下快乐成长,在潜移默化中得到责任心的培养,养成良好的责任意识,从而培养孩子健康的人格。

让孩子对自己的行为负责

著名教育家茨格拉夫人说过:"必须教育孩子懂得他们的一举一动能

产生的后果，那么随着时间的推移，孩子们一定会学得很有责任感的。"孩子处于成长之中，对一些事情往往没有责任心，因为许多时候他们不知道责任是什么，所以为了培养孩子的责任心，家长可以适当地让孩子品尝一下办事情不负责任的后果，教孩子如何去面对并接受这次失败的教训，从中获得成长。

有一位企业家开车送女儿上学，到了学校门口，女儿却坐在车里哭着不下车，央求父亲陪着进教室。原来，儿女没有完成作业，怕老师批评。女儿想的是，爸爸是很有名气的企业家，看在爸爸的面子上，老师也许就不会批评自己了。这位父亲给女儿两个选择：一是自己进教室，另一个就是立即回家。他说："要知道，你今天不想面对的，明天还是要必须去面对。"于是，女儿自己走进了教室。

这个企业家父亲的做法值得家长借鉴，他的可贵之处就是让孩子懂得：犯了错误，就应该勇于承担后果，不逃避，不推卸责任。所谓吃一堑、长一智，只有吃到了自己不负责任的苦头，孩子以后才会多长点记性。留下的印象越深刻，孩子就会越提高警惕、避免再犯错误。久而久之，孩子就会逐渐拥有高度的责任心。

让孩子去承担家庭中的责任

有这样一位父亲，从小就告诉孩子："你是家里的一分子！"所以平时总会让孩子在家里参与不同的劳动。吃饭的时候，父亲会把端菜盘的任务交给孩子。开始时，小家伙总是会问："为什么要我拿呀？我拿不到怎么办？"这时父亲就问他："三个人分工，端菜盘、烧菜、饭后收拾，你喜欢哪一样？"权衡了半天，孩子觉得还是端菜盘比较适合，从此以后，孩子就帮着家里端菜盘。有一天，孩子外婆到家里来玩儿，看见孩子去厨房里端菜盘，就忙不迭地冲过去，"我来端，我来端，怎么能让孩子端菜呢？才这么小的孩子。"谁知孩子却一脸严肃地说:"外婆,我来端,这是我的责任。我是家里的一分子。"

作为家庭中的一名成员,孩子既应该享受权利,也应承担一定的家庭责任,包括建立家庭责任制,承担一定数量的家务劳动。父母可通过鼓励、期望、奖惩等方式,督促孩子履行职责,培养责任心。如果在小孩很小的时候,父母就教他要帮助做家务,他就会把做家务当成一种乐趣和生活中很自然而然的一部分。

不让孩子的人生有遗憾,尊重孩子的自主选择

每个人都有选择的权利,孩子也不例外。在家庭教育中,多给孩子选择的机会,培养孩子掌握选择、判断和取舍的能力是十分重要的。如果我们能多给孩子选择的机会,孩子会感受到他们被尊重、被信任,从而带给他们自信和成就感,使他们感受到自己能把握生活。

作家聂鑫森的儿子曾经在中国人民大学读新闻专业,后来,儿子想放弃新闻专业的学习,重新学习中文,对此,聂鑫森非常开明,他尊重儿子的决定,他的做法很值得家长借鉴。

聂鑫森是这样记录这件事情的:

2001年冬,我去北京参加中国作家代表大会,住在奥林匹克饭店,离儿子读书的地方不算太远。儿子到饭店来看过我几次,有一次是和外甥许卓仁、侄女易慧一起来的。我们一起吃饭,喝啤酒,儿子显得有些闷闷不乐。在我将离京返湘的前一天,儿子来为我送行。与我同住一室的何立伟上街去了,宿舍里就我们父子俩。

儿子很久很久都没有说话。

我耐心地等待着。

终于，儿子下定了决心，说："爸爸，我想跟你商量一件事。"

我说："你说吧。"

"我不想在北京读书了。"

我大吃一惊，但很快就镇静下来了，温和地问："为什么呢？"

"爸，我想学中文，新闻课程可学的东西不多，真的。我想重新参加明年的高考，然后好好地读几年书，打牢基础。"

"可北京的时光白费了。"

"不，没有白费，我认识了不少人，积累了不少的生活经验，我想，对于写作是有用的。"

我又一次点了点头。我觉得儿子的决定不是草率的，他能下这样的决心，从心底里说我是欣赏的。"好。离高考还有几个月，你就拼此一搏吧。"

儿子灿烂地笑了。

这年寒假，儿子把所有的行李都带回来了，然后进入一个高考强训班，开始了他人生一场真正的拼搏。

几个月过去了，儿子信心满怀地又一次参加了高考，最终被湖南文理学院中文系录取。

孩子的选择，孩子的梦想，孩子的未来，应该由他自己做主。毕竟他的人生需要他自己去走，父母能扶他走多久？篮球明星乔丹的妈妈曾深有体会地说："在对孩子放手的过程中，最棘手的问题是让孩子去追求自己的梦想，自己做出决定，选择与我为他们设计的不同的发展道路。"尽管有的孩子年龄尚小，但也有自己独立的人格，孩子的事应该由他们自己做出决定。如果家长能够把选择的权利交给孩子，尊重孩子的选择，孩子就会对自己负责。

尊重孩子的意愿

孩子是有独立意识的人，家长要尊重孩子的愿望，给予他选择的自由，今后的路要他自己走，由他自己担当选择的结果，也是为自己人生负责任的开始。

刘艳是一名高二的学生。下半年，学校要分文理科了。刘艳很喜欢文科，但是妈妈却觉得文科没前途，还是理科的前途更好些，于是就很强硬地要求她报理科。

没想到，第二天，刘艳就给妈妈留下一封信，离家出走了。

亲爱的妈妈：

虽然我和你朝夕相处，但是我还是有些话埋在心里，现在我通过写信说给你听。

也许因为我是独生女的原因吧，从幼儿园，到小学、初中、高中，我人生的每一个决定，都是你帮我做好的。从来都是你要我那样做，而没有问过我是怎么想的。

昨天晚上，我们商量我要报文科还是理科的问题，没等我说完，你就说："还用想？当然是理科。"然后说了很多理科的好处。

我说："可是我喜欢文科啊！"

"喜欢有什么用？我在社会上经历的事情多了，还是理科好，我还能骗你吗？"不容我分说，你就帮我做了决定。

妈，我已经长大了，也能自己做决定了，请你将选择的权力归还给我吧！

妈妈看完这封信，含着眼泪说道："我还不是为你好，看来我是白费心了。"过后，妈妈进行了反思，认识到应该尊重女儿的选择。

终于，还是刘艳"胜利"了，妈妈向她妥协了。刘艳如愿以偿地报了文科，还成了文科班里的学习佼佼者。

每个孩子都有自己的梦想，当孩子树立了远大的志向之后，家长应当尊重他们的选择,不应横加干涉,更不要把自己的意愿强加给他们。相反,应鼓励、帮助、引导孩子为实现自己的理想而努力奋斗。

引导孩子做出正确的选择

在孩子自主选择的问题上,父母要懂得倾听孩子的心声,并尊重孩子的想法,让孩子做出正确的选择,但要给孩子提出合理的建议并加以指导。父母可以试着了解孩子做出选择的依据和动机,可以把自己的经验和想法告诉他们,如果孩子的选择确实存在问题,也可以和他们一起来商讨解决。

生物物理学家卡茨小的时候很聪明,也很有好奇心,对很多事物都有浓厚的兴趣。他一旦感兴趣了,就会全身心地投入,达到忘我的状态,非要争个高低。

上中学的时候,卡茨对国际象棋产生了兴趣,刚巧他的同学也是个国际象棋的爱好者,并且是一个高手。于是,他们每天都要对垒,结果小卡茨屡战屡败。这对一向争强好胜的他来说,是难以接受的。他下决心要战胜对手。于是,他们一下课便"杀"得难解难分,甚至上课的时候也偷着下棋。他既不好好听课,也不做作业,久而久之,沉迷其中难以自拔,学习成绩直线下降。

老师发现卡茨的学习成绩不断下降的原因后,便把这个情况迅速地通报给了他的父亲。卡茨原以为父亲会责骂他,但是父亲却和颜悦色地问他:"你很喜欢下国际象棋吗?"他点了点头。父亲接着又问:"那就是说你喜欢下棋胜过于读书了?""不,相比之下,我更喜欢读书,我能从书中得到许多知识和无穷的乐趣。"卡茨争辩道。

卡茨从小的愿望是将来能当一名科学家,他怎么会不喜欢读书呢?

"可是,人的精力和时间是有限的。一个人只能同一时间做好一件事,如果一心二用,那就什么都做不好。你喜欢下棋,想把棋下好,但却把学习的时间浪费掉了。到头来,学习没跟上,棋也未必下得好,这不是得不偿失吗?"

卡茨若有所思地点点头。

看着卡茨似乎有所觉悟,父亲接着说道:"既然你已经懂得这些道理,那么你就做一个决定吧,是把全部精力放在读书上,还是放在下棋上?一旦选择好了,就必须努力去做好,并且要彻底忘记已经放弃的东西,只有这样,才能专心致志,将一件事做到最好。"

卡茨犹豫了一会儿,终于恋恋不舍地把象棋交给父亲保管,决定专心读书了。

在父亲的教导下,卡茨的学习成绩不但恢复了从前的状态,甚至超过以前。这使他受益一生。后来他通过自己的努力,获得博士学位。卡茨研究了神经介质从神经末梢释放的机制,与美国生物化学家朱利叶斯·阿克塞尔罗德、瑞典生理学家和药理学家乌尔夫·冯·奥伊勒一起获得1970年诺贝尔生理学或医学奖。

当孩子面临选择时,家长不要指手画脚地下命令,要学会给孩子提建议,尽量让孩子自己做决定。如果孩子碰到困惑难解的问题,家长明智的做法是与孩子一起商量,在交谈中探讨、比较各种方案或观点的优劣,引导孩子做出正确的选择。家长也可以说出自己的观点,讲清楚自己的理由,让孩子比较和选择,但在任何时候也不要把自己的决定强加到孩子头上。

自己的事自己做,让孩子学会独立

"自己的事情自己做。"这是引导孩子走向独立的第一步。让孩子从小就自己的事情自己做,能增强他们动手做事、克服困难的能力和信心,有助于培养他们的独立意识。可是现今的大多数独生子女，在父母过分的呵护和娇惯之下，非常缺乏独立性。甚至有些孩子，除了上学读书之外，生活中的事他们一概不知，这样的孩子将来走上社会，怎么会成功呢？

一位母亲为孩子操心，最后不得不去找心理问题专家咨询。专家问："孩子第一次系鞋带的时候打了个死结，你是不是不再给他买有鞋带的鞋子？"母亲点了点头。专家又问："孩子第一次整理自己的床铺，整整用了一个小时，你最后就亲自替他整理了，对吗？"母亲说："没错。"专家又说道："孩子大学毕业了去找工作，你动用了自己的关系和权力帮他。"这位母亲很惊愕，问专家说："你怎么知道的？"专家说："从那根鞋带知道的。"母亲问："以后我该怎么办？"专家说："当他生病的时候，你亲自带他去医院；他要结婚的时候，你给他准备好房子车子和足够的钱送去。别的，我也没办法。"

上面这个事例不能不引起我们的反思：在教育孩子的过程中，我们是否有意无意地包办了孩子许多力所能及的事情？在重视孩子学习成绩的同时是否忽略了培养孩子的生活能力？作为家长，我们是否在无意中剥夺了孩子成长的权利，限制了孩子的自我发展？

我国著名儿童教育学家陈鹤琴曾说过："凡儿童自己能够做到的，应该让他自己做；凡儿童自己能够想的，应该让他自己去想。"这是一条符合教育规律的至理名言，不仅对培养孩子的独立性、自理能力很重要，同时也培养了孩子的责任感，使孩子能对自己的生活、行为负责。所以说，如果放手让孩子自己做，我们的孩子将会得到锻炼的机会，我们也会发现孩子的潜能是无穷的；如果我们一直"大手帮小手"，我们的孩子将会在无形中被剥夺许多发展的机会。

有一句话是这样说的："做母亲的最好只有一只手。"说的就是要对孩子放一只手，有些问题让孩子自己去尝试着解决。让孩子学会自理，自己的事情自己做，为的是促进孩子的独立性发展，这对孩子将来的学习、工作、事业乃至一生成长都是有好处的。

意大利著名儿童教育家蒙台梭利曾说："教育首先要引导儿童沿着独立的道路前进。"任何一位父母，都不可能包办孩子的一生。孩子的将来，包括学习、工作以及事业的成功，都要靠他们自己去闯、去努力、去奋斗。而这一切，没有自立自强的意识和精神，是很难取得满意结果的。父母应该明白，独立既是生存的需要，也是孩子成长中的必然一课。

鑫鑫虽然是个女孩，却有着强于同龄男孩的独立性，刚上小学的她可以不依赖父母独自处理自己的事情，如自己穿服、吃饭、收拾玩具、叠被子等。她还能帮助父母做一些力所能及的家务事，如拿碗筷、给客人端茶、帮妈妈拎购物袋等。这都得益于她爸爸从小对她的培养。

爸爸认为孩子是一个独立的个体，所以有意识地从小事入手，让鑫鑫形成独立思考问题、独立处理自己事情的良好习惯。

从小爸爸就让鑫鑫自己整理书包。刚开始，鑫鑫经常丢三落四，但爸爸从不插手，时间长了，鑫鑫吃够了落东西的苦头以后，就能够自觉地将书包整理好，为第二天上课做好准备。

铅笔也是鑫鑫自己削。爸爸没有因为怕鑫鑫有割伤的危险就代鑫鑫削，而是给鑫鑫选购了卷笔刀，让鑫鑫自己动手。因为铅笔每天都要用，爸爸知道，如果自己代劳，天长日久鑫鑫就不会有"自己的事情应该自己做"的意识。

爸爸让鑫鑫独立完成作业。鑫鑫有的时候会因为没有掌握当天的学习内容，在完成作业的时候遇到困难，当她向爸爸求助的时候，爸爸从不直接帮助她，而是让她自己想办法解决，因此鑫鑫不得不认真听讲、靠自己掌握知识来解决问题。

爸爸还鼓励鑫鑫亲自动手做事。平日里，遇到鑫鑫有动手的好奇心时，爸爸从不因为怕鑫鑫搞砸而不让鑫鑫插手，即使鑫鑫真的搞糟了,爸爸也会鼓励他"下次一定能够做好"。

让孩子学会自立,自己的事情自己做,为的是促进孩子的独立性发展,这对孩子将来的学习、工作、事业乃至一生成长都是有好处的。美国商业领袖罗伯特·汤森说:"人最终要独立地走向社会,就必须拥有自主独立的能力。因此从小就要培养自我意识,培养自主、自立、自强的精神,认知和实践能力。自我发展本身也是个人对自身的一种反思。正是从这种反思中人才不断地找到自我,超越自我,实现自我。"独立就是自我生存的意识和能力。只有一个人具备了独立的意识和能力,才能比较容易地适应社会,摆脱逆境,把握机遇,发展自己。所以,父母应该重视对孩子独立性的培养,在孩子很小的时候就有意识地培养他们的独立性。

不要剥夺孩子锻炼的机会

每一个孩子都是一个独立的个体。从呱呱坠地到长大成人,孩子就开始拥有自己的独立意识、独立的思考能力,以及对生活独立的看法等,所以,父母要尊重孩子的独立意识。在孩子主动要求做一些事情时,不要因为孩子小而不予支持,从而导致孩子自己动手的意识在萌芽状态中就被扼杀了。

10岁的媛媛很渴望自己可以动手洗衣叠被,可每当自己准备做这些事的时候,父母总是及时地出现,帮助她解决这些"难题"。时间长了,媛媛总觉得自己不如别人,因为除了学习好点儿,她就没什么值得炫耀的。

凡是孩子自己能做的就让他自己做,不要代替他,这是一个原则。父母应该认识到,小孩子无论做什么事情都有一个规律,即从不会到会,从做不好到做得好,因此,不要求全责备,也不要看到孩子做不好就去代替他做,这样等于剥夺了孩子锻炼的机会。

当孩子要求自己做的时候,父母就要因势利导,教孩子一些自我动手的技能。这种教育是很简单的，可以从身边的事情教起：比如穿衣服、脱衣服、吃饭、洗手、收拾玩具等。教孩子不要急于求成，每件事都可以分解成若干小步骤，每次做到一两个小步骤，逐渐达到熟练的程度就可以了。

为孩子创造锻炼的机会

父母要为孩子创造良好的环境，提供锻炼的机会，让孩子做一些力所能及的家务活。这样，不但可以培养孩子的独立性，也可以使孩子更有责任感。比如可以让孩子帮忙擦桌子、洗碗筷，等等。当孩子完成了父母交给的任务后，要跟他说声"谢谢"，并给予适时鼓励。

陈女士的儿子从一生下来到上学读书，父母什么事都替儿子做妥帖了，所以儿子什么事都不会做。有一次陈女士在上卫生间，叫儿子去关一下煤气灶，谁知10岁的儿子竟说不会关，令陈女士很惊讶。为了增强儿子的独立自主性，她和丈夫商量后，拟出一个"药方"，就是每周星期日让孩子当一回"值班家长"，教孩子如何节俭，如何吃苦，如何当家。

他们规定了"值班家长"的三项任务：一是搞好家里的卫生，比如拖地板、洗碗等；二是安排一日三餐吃什么，具体操作可由父母去做；三是安排家人一天的"外事"活动，可外出游玩也可走亲访友或是在家做作业。他们没想到，儿子当"值班家长"很认真，第一个星期天"值班"就早早起来拖好了地板，并就近买来了面包当早餐，宣布中午吃"炒猪耳朵"和"汤"，晚上吃"豆腐干炒猪肉"和"炒青菜"，至于"外事"活动就是一家三口去北湖公园玩。下午游玩回来，儿子还郑重其事地写了一篇日记，晚上看到陈女士在洗脸，还说："妈妈，水不能放得太多，要节约用水。"逗得陈女士夫妇哈哈大笑。如今，已经11岁的儿子当"值班家长"可来劲儿了。

与其父母一一照顾周全，不如让孩子自己找事情做并完成。我们可以将日常生活中孩子能力范围之内的事务交给他独自处理，并观察孩子的完成情况，如让三四岁的孩子学会照料自己的生活，自己吃饭、漱口、洗脸、穿脱衣服等，让五六岁的孩子学做一些简单的家务劳动，如擦桌椅、扫地、洗手帕等，让七八岁的孩子参加一些社会公益劳动，如打扫环境卫生，等等。

经历挫折，要让孩子输得起

每个人在一生中都有一门重要的学问要学，那就是怎么去面对失败，处理得好坏往往就决定了一生的命运。有一位知名的作家说过："失败应成为我们的老师，而不是掘墓人；失败是暂时耽误，而不是一败涂地；失败是暂时走了弯路，而不是走进死胡同。"失败并不重要，重要的是如何面对失败。失败者与成功者的区别不是在于他们失败的次数多寡，而是在于他们失败后有什么不同的态度和作为。

人的一生总会遇到挫折和失败，同样，在孩子的成长过程中，也难免会遇到失败。让孩子从小就有面对失败的勇气，长大以后，面对各种各样的困难和挫折，他才不会手足无措，才能够从容应付。

有个孩子，在很小的时候就开始学习钢琴，他学得很认真，也很辛苦，因为，自始至终他都相信爸爸的那句话：勤劳的付出总会有回报。

可是，他第一次参加省里的少儿钢琴比赛时，却连入围的资格都没能取得。他感到很悲伤，觉得自己是世界上最不幸的孩子；他吃不下饭，躲在自己的小房间里悄悄地哭。妈妈急坏了，一次次地安慰他，对他说，以后还会有机会，只要努力，就肯定能取得好成绩。

"不！"孩子把被子盖到头上，"以后，我再也不学钢琴了。"

爸爸走过来，把他从床上拉起来。他垂头丧气地跟着爸爸走到沙滩上。爸爸孩子气地递给他一根树枝，和他比赛在沙滩上写自己的名字，看谁写得又快又好。

他在沙滩上写下了名字。字歪歪扭扭的，一点也不好看。

爸爸把他刚写的字全部抹掉了，让他再重写一遍。这次，他认真了些，字也写得漂亮、工整了许多。

"就像在这沙滩上写字。"爸爸似乎在对大海说话，"失误、失败都没关系，别记在心里，一切都可以重新再来。"

听了爸爸的话，他心里一下子变得宽敞起来。

经过刻苦练习，第二年，他终于取得了少儿钢琴比赛的冠军。

从那以后，他迷上了在沙滩上写字。

失败了，他在沙上写字，一切可以重新再来；成功了，他在沙上写字，过去的荣誉不会永远存在。

我国著名儿童教育家陈鹤琴曾说过："不要担心孩子的失败，应该担心的是，孩子为了怕失败而不敢做任何事。"在人生历程中遭遇失败，出现挫折是正常的，如果连小小的失败都承受不了，是无法适应这个社会的。因此，从小培养孩子的心理承受能力，对孩子进行适当的挫折教育是十分必要的。让孩子了解失败，可以让孩子学会平和地处理失败的心情，加强承受挫折的能力，将来长大后心态就会比较成熟，在面对失败时，会用更从容的心态，准备迎接下一次的挑战，敢于做，才有可能成功。

世界上没有常胜将军，孩子也不可能只胜不败。挫折和失败往往是极好的老师。父母一定要给孩子上好"善待失败"这一课，使他们善于从失败中找到开启成功之门的钥匙，从而帮助孩子从幼稚走向成熟。

引导孩子正确认识失败

悦悦是小学三年级的学生，有一次考试，许多同学语文和数学都考了双百分，而她数学却只考了80多分。自尊心严重受挫的悦悦回到家里委屈地哭道:"许多同学都笑话我,说我是大笨蛋……"

妈妈学过教育心理学,她连忙把女儿搂在怀里,一边给女儿抹眼泪,一边安慰女儿:"我女儿根本就不笨啊,不用哭,哭有什么用呢?只要有志气就能赶上去。妈妈刚上学时也不如别人,好多孩子都比妈妈学得快。妈妈暗中咬牙努力,老师上课我注意听,早上我比别人早起……后来,妈妈终于成了优等生。你不要胆怯,要有信心。只要努力,就一定能赶上去!"

悦悦听了妈妈的话,心中的阴影一扫而光,此后,悦悦开始发奋努力学习,到三年级下学期,成绩终于上去了。

正所谓"失败是成功之母",当孩子面对失败时,父母可以通过给孩子讲英雄人物成功前的挫折或父母小时候遭遇挫折的故事,让孩子懂得生活中随时可能会遇到挫折,只有勇敢地去克服困难,本领才会越来越大。父母也可以找一些合适的电影推荐给孩子看。剧中主角曾经遭受伤害(背叛、排挤、误解等),但是,最后总能闯过难关。这些影片可以帮助孩子在以后碰到同样困难时,有信心去面对以及学会寻找解决困难的方法。

为孩子创造受挫的机会

对孩子来说,在成长的道路上难免要遇到困难、阻碍,如果孩子平时走惯平坦路、听惯顺耳话、做惯顺心事,那么一旦他们遇到困难,就会不习惯,从而束手无策、情绪紧张,容易导致失败。所以,父母不妨在平时的生活和学习中,有意识地设置一些困难和障碍,以此来培养孩子的耐挫能力。

一位父亲和儿子有个约定:吃午饭后,儿子收拾桌子,父亲洗碗,但有个条件,由父亲检查儿子收拾得如何,如果儿子收拾得不好就要接着洗碗。儿子小心地收拾了,而且实际上,桌子比平时收拾得干净得多,儿子满以为顺利过关,可父亲在挑剔地检查时仍发现了一点油渍,于是他平静地说:"对不起,这次碗该你洗啦。"试想,儿子做了努力且明明做得比平时还好，却过不了关，哪有不产生遗憾、失望，有挫折感呢？其实，这正是这位父亲故意给儿子设置的挫折情景，故意让他心理受挫。他认为，让儿子经常遭遇些类似的挫折情景，孩子就学会了镇静地接受不如意的现实，正确地控制情绪而避免过度的挫折感。

在孩子前进的道路上，父母可以故意给他制造一些小麻烦，把平坦的大道变成不太平坦的小道，让孩子经历一下失败和挫折，然后因势利导，使孩子增强对失败、挫折的抵御能力，增强心理承受能力，学会应对办法。这样，孩子就会重视挫折，敢于面对挫折。其实，每一个孩子都可以成功地抗击生活的暴风雨，关键在于父母是否为他创造了合适的机会。

第四章　人无德不立，
望子成人比望子成龙更重要

做人是一门艺术，更是一门学问。教孩子如何做人，实际上就是对孩子的思想教育。一位专家说过："孩子的道德教育应从摇篮时期开始，因为当今社会所缺乏的不是头脑而是品德。"孩童时期的可塑性很大，是进行人格品德教育的最佳时期，因此，父母应该注重孩子良好品德的培养，教孩子从小学会做人。

坚守诚信，就是坚守做人的底线

俗话说，人无信不立。诚信是人们在公共交往中最起码的道德规范，它既是一种道德品质，也是一种公共义务。诚信作为人与人之间彼此信任与支持的桥梁，是一个人对正义和公理，对他人和对自身负责的完美体现，它是一个人立身的基础。

墨西哥总统福克斯以为人诚实守信而受到国人的尊重，他做人的原则就是两个字：诚信。正是这样的人格品质，使他从一个普通的推销员最后成为一个国家的总统。

一次，福克斯受邀到一所大学演讲，一个学生问他："政坛历来充满欺诈，在你从政的经历中有没有撒过谎？"

福克斯说："没有，从来没有。"

大学生在下面窃窃私语，有的还轻声笑出来，因为每一个政客都会这样表白。他们总是发誓，说自己从来没有撒谎。

福克斯并不气恼，他对大学生说："孩子们，在这个社会上，也许我很难证明自己是个诚实的人，但是你们应该相信，这个世界上还有诚实，它永远都在我们的周围。我想讲一个故事，也许你们听过就忘了，但是这个故事对我却很有意义。

"有一位父亲是一个农场主。有一天，他觉得园中的那座亭子已经太破旧了，就安排工人们准备将它拆掉。他的儿子对拆亭子这件事很感兴趣，于是对父亲说：'爸爸，我想看看你们怎么拆掉这座亭子，等我从寄宿学校放假回来再拆好吗？'

"父亲答应了。

"可是，等孩子走后，工人们很快就把亭子拆掉了。

"孩子放假回来后，发现旧亭子已经不见了。他闷闷不乐地对父亲说：'爸爸，你对我撒谎了。'

"父亲惊异地看着孩子。孩子继续说：'你说过的，那座旧亭子要等我回来再拆。'父亲说：'孩子，爸爸错了，我应该兑现自己的诺言。'

"这位父亲重新招来工人，让他们按照旧亭子的模样在原来的地方再造一座亭子。亭子造好后，他将孩子叫来，然后对工人们说：'现在，请你们把它拆掉。'

"我认识这位父亲，他并不富有，但是他却在孩子面前实现了自己的承诺。"

学生们听后问道："请问这位父亲叫什么名字？我们希望认识他。"福克斯说："他已经过世了，但是他的儿子还活着。"

"那么，他的孩子在哪里？他应该是一位守信的人。"

福克斯平静地说："他的孩子现在就站在这里，就是我，墨西哥总统福克斯。"

福克斯接着说："我想告诉大家的是，我愿意像父亲对我一样对待这个国家，对待这个国家的每一个人。"

台下掌声雷动。

诚信是一个人立足于社会和事业发展的基石。大凡诚信之人，都有良好的口碑。诚信之人，更能取信于人。有位哲人说："坚守信用是成功的最大关键。"一个人要想赢得他人的信任，一定要守信用。父母要使孩子在未来社会的竞争中立于不败之地，就必须让他们具备诚信的品质。

莫言是第一个获得诺贝尔文学奖的中国籍作家。有一次，他在瑞典学院演讲时讲述了发生在他儿童时期的一个故事。故事改变了他，让他学会诚信为人。

小时候莫言家境清贫，其母亲为人正直质朴。有一次，莫言到菜市场上帮忙卖白菜，向顾客多收了一毛钱。莫言心想，一毛钱也不是什么大钱，多收了也就多收了。算完钱，他就去学校了。

中午放学回到家，莫言被母亲叫到跟前。母亲语重心长地告诉莫言，她已知道莫言多收顾客钱的事情，母亲一边说，一边伤心地流泪，但母亲并没有骂莫言，只是轻轻地说："儿子，你让娘丢了脸。"

这件事让莫言感到非常后悔，并深深地影响了他。打那时候起，他就深切地学会为人诚信的道理。

后来，莫言走上了文学创作之路，他也把自己从母亲身上受到的影响融入他的文学作品《卖白菜》中。《卖白菜》通过回忆一段辛酸往事，刻画了一个坚强、自尊、朴实、诚信的母亲形象。

诚信是每个人必备的素质。只有从小教育孩子信守承诺，让孩子拥有诚信的品德，才能得到别人的尊重和信任，获得真诚的朋友和友谊，将来在事业上得到更好的合作伙伴和他人的支持。

诚信是一种道德品质和道德规范。无诚则无德，无信则事难成。聪明而睿智的父母，一定能领悟到诚信教育的作用和真谛，那么就从现在做起，从身边的点滴小事做起吧！播下诚信的种子，给孩子以力量和耐力，赢得诚信这张人生的通行证。

以身作则，信守承诺

父母是孩子最直接、最贴近的老师，应该为孩子起到良好的榜样作用。父母要从自身做起，做诚实守信的人，用自己的言传身教来影响孩子。在日常生活中，一旦承诺给孩子什么，就要努力兑现，只要是答应孩子的事情，就要如约完成，这样才会获得孩子最大程度的信任和敬佩。

有这样一个小故事：

一个小男孩找到法官，生气地对法官说，他要告发一个大坏蛋。

法官问他：

"你能告诉我这个大坏蛋做什么坏事了吗？他发动了一场核战争？"

"没有。"

"他给别人注射毒品，让一百万人都染上了毒瘾？"

"没有。"

"他推翻了一个政府，然后自立为王？"

"没有。"

"他强暴？抢劫？谋杀？杀人？偷盗？"

"没有。"

"他打了他的妻子和孩子，致使他们每天都恐惧他回家？"

"没有。"

"那么他踢了大街上的流浪狗？"

"也没有。"

"那这个坏蛋犯了什么罪？"

男孩委屈地说："他答应过孩子一件事，却又说了不算数。他毁坏了一个孩子对他的信任，这个孩子每天崇拜地喊他'爸爸'。"

教育孩子要诚信，父母自身首先要诚信。父母以身作则带给孩子的影响是深远的。在日常生活中，父母对待孩子一定要诚信，不要说话不算话。许多父母为了诱导孩子做某件事，总是轻易地许诺孩子某些条件，但是事后却没有兑现。孩子的希望落空后，就会发现父母在欺骗自己，也就会从父母身上得到一些经验，那就是不守信的许诺是允许的，大人的言行也经常是不一致的，等等。一旦这些经验转化为孩子说谎的行为时，父母恐怕要后悔莫及了。所以，要纠正孩子不守信用的倾向，父母首先要做到言行一致，只有这样，才能取信于孩子。

另外，父母在向孩子许诺之前一定要三思，不能言而无信，答应孩子的事情就一定要做到。如果兑现不了，应及时给孩子解释，向孩子道歉，并做自我批评,让孩子从内心理解和原谅父母,事后父母应设法兑现自己的承诺。

鼓励孩子的诚信行为

心理学研究表明,适当的表扬对于塑造儿童行为和培养良好的品德有着举足轻重的作用。所以,家长平时应多观察孩子的行为,一旦发现孩子做到了诚实守信,就应该加以肯定和表扬,使孩子的这一行为慢慢转化为习惯。

宋庆龄从小就是个诚实的孩子。有一次,爸爸妈妈要带全家去朋友家做客,其他孩子都穿戴整齐准备出发了,只有宋庆龄仍然坐在钢琴面前不停地弹琴。

母亲喊道:"孩子们,我们快走吧!"

宋庆龄不由自主地站了起来,但很快又坐下去了。父亲问道:"孩子,你怎么了?"

宋庆龄有些着急地说:"今天我不能去伯伯家了。"

"为什么不能去,孩子?"妈妈问道。

"爸爸,妈妈,我昨天答应了小珍,她今天来我们家,我要教她叠花。"宋庆龄说。

"我还以为什么重要的事呢!下次再教她吧!"父亲说。

"不行,小珍来我家会扑空的。"宋庆龄叫了起来。

"要不,你回来后到小珍家去解释一下,向小珍道个歉,明天再教她也没关系。"妈妈出了个主意。

"不行,妈妈!您不是经常教育我要信守诺言吗?我答应了别人的事情,怎么可以随意改变呢?"宋庆龄坚定地摇着头。

"哦,我明白了,我们的庆龄是一个守信用的孩子,"妈妈会心地笑了,"那就让庆龄留下吧!"

于是,爸爸妈妈带着其他孩子去做客了,回家后,却见宋庆龄一个人在家里。"庆龄,你的朋友小珍呢?"父亲问道。

"小珍没有来，可能她临时有什么事吧。"小庆龄平静地回答。

妈妈心疼地问："小珍没有来啊？那我们的庆龄不是很寂寞吗？"

宋庆龄却回答："不，妈妈，虽然小珍没有来，但是我仍然很高兴，因为我信守了诺言。"

当孩子出现守信的现象，父母要及时表扬他的这种行为，而不要带有太多世俗的功利心态去评价孩子纯真的心灵。通过这样的不断巩固，孩子会越发明确品质和行为之间的相互关系，从而养成诚信待人的良好习惯。

胸怀广阔，宽容的孩子最有人缘

宽容是一种高贵的品质、崇高的境界，是一种智慧和力量，学会宽容别人，也就是善待自己的一种方式，人在宽容别人的同时，也给了自己一个淡然的心态。法国著名文学家雨果说过："世界上最宽阔的是海洋，比海洋更宽阔的是天空，比天空更宽阔的是人的胸怀。"自古至今，宽容被尊奉为做人的准则和信念，成为做人的一种美德，并且视为育人律己的必修课。

唐玄宗开元年间有位梦窗禅师，他德高望重，既是有名的禅师，也是当朝国师。

有一次梦窗禅师搭船渡河，渡船刚要离岸，这时从远处来了一位骑马佩刀的大将军，大声喊道："等一等，等一等，载我过去！"他一边喊一边把马拴在岸边，拿了鞭子朝水边走来。

船上的人纷纷说道："船已开行，不能回头了，干脆让他等下一班吧！"船夫也大声回答他："请等下一班吧！"将军非常失望，急得在水边团团转。

这时坐在船头的梦窗禅师对船夫说道:"船家,这船离岸还没有多远,你就行个方便,掉过船头载他过河吧!"船夫看到是一位气度不凡的出家师父开口求情,只好把船撑了回去,让那位将军上了船。

将军上船以后就四处寻找座位,无奈座位已满,这时他看见坐在船头的梦窗禅师,于是拿起鞭子就抽打,嘴里还粗野地骂道:"老和尚!走开点,快把座位让给我!难道你没看见本大爷上船?"没想到这一鞭子正好打在梦窗禅师头上,鲜血顺着脸颊汩汩地流了下来,禅师一言不发地把座位让给了那位蛮横的将军。

这一切,大家都看在眼里,心里是既害怕将军的蛮横,又为禅师的遭遇感到不平,纷纷窃窃私语:将军真是忘恩负义,禅师请求船夫回去载他,他还抢禅师的位子,并且打了他。将军从大家的议论中似乎明白了什么,他非常惭愧,不免心生悔意,但身为将军却拉不下脸面,不好意思认错。

不一会儿,船到了对岸,大家都下了船。梦窗禅师默默地走到水边,慢慢地洗掉了脸上的血污。那位将军再也忍受不住良心的谴责,上前跪在禅师面前忏悔道:"禅师,我……真对不起!"梦窗禅师心平气和地对他说:"不要紧,出门在外难免心情不好。"

宽容是一种非凡的气度、宽广的胸怀,体现了一个人的素养,表现了人的思想水平。只有宽容,才会在心中留出一片天地给别人。能以宽容对待别人的人,在生活中能养成将心比心、推己及人的做人做事的习惯,这样的人,肯定是受人尊敬和欢迎的。

宽容来自于内心,宽容无法强迫,真正的宽容总是真诚的、自然的。当我们学会宽容的时候,我们就在超越自我,提升自我,使自己走向洁净的心境。

但遗憾的是现在的孩子多数是独生子女,因为父母过于溺爱,他们总是以自我为中心,很少顾及他人的感受,对别人给自己带来的一点伤害总是耿耿于怀。例如，在与小伙伴交往的过程中，往往容不下对方的过错。这种缺乏宽容的态度，使得他们很难与小伙伴形成良好的关系，甚至还可能被孤立。所以，父母一定要从小培养孩子宽容的品质，使孩子成为一个能够宽容别人的人。

　　小强是个很听话的孩子，但就是爱告状，一点小事就去找老师，"老师，朋朋欺负我，他刚才把我撞倒了。""老师，巧巧把水彩墨水洒到我的书上了，我的书都没法看了。"等等。
　　一天，同学们正在玩游戏，忽然，形形不小心踩了小强一脚。看到刚买的白球鞋上有了一个大大的黑脚印，小强生气地跑到形形的身旁，狠狠地踩了她一脚。当老师质问小强为什么要这样做时，他却理直气壮地告诉老师："我妈妈说了，不能受别人的欺负，别人打我，我就要打别人。形形踩了我，我当然也要踩她。"

　　孩子不是生来就会报复的。在生活中，由于父母有一些错误的观念和言行，孩子耳濡目染，对孩子有很坏的影响。作为父母必须重视这个问题，从自身做起，宽容待人，这样才能给孩子树立榜样。一个没有宽容心的孩子将很难融入社会和人们和睦相处、共同发展。
　　宽广的胸怀不是天生的，是靠后天的培养和教育换来的。生活中，父母要注意培养孩子拥有一个宽广的胸怀，从日常生活、学习中加以注意，抓住每一件可以教育的事情，不断对孩子进行宽容待人的引导和教育，逐渐使宽容的理念融入他们的品格之中。

教孩子学会换位思考

　　所谓换位思考，就是指当双方产生矛盾时，能够站在对方的角度上思考问题，思考对方何以会如此行事、如此说话。如果真的能够做到这一点，就能够理解对方，就能够减少很多不必要的矛盾。
　　许多孩子只习惯于从自己的角度思考问题，而不习惯于站在别人的角度上思考问题。要消除这种现象，办法就是换位思考。

第四章 人无德不立，望子成人比望子成龙更重要

阳阳将一本新买的《海贼王》漫画书带到了学校，她一下课就翻出漫画书高兴地翻阅起来。不巧，同桌起身时不小心把墨水瓶碰翻，墨水洒到了漫画书上，把一本精美的《海贼王》漫画书弄得脏兮兮的，无法继续看下去了。阳阳很生气，不但让同桌赔她新的《海贼王》，还把这件事告诉了班主任老师。结果，阳阳的同桌被老师批评了一顿。

放学回家，当阳阳跟妈妈诉说这件事情的时候，妈妈严肃地对她说："谁都有不小心犯错误的时候，如果你犯了同样的错误，你的同桌大喊大叫，让你赔，还告诉老师批评你，你舒服吗？"

阳阳说："我会很难受的呗。"接着，妈妈又告诉阳阳，要和气、友好地待人，不能斤斤计较，尤其是对待同学，更要大度、宽容，像今天这样的情况，应该对同学说没关系。这样，才能成为受同学欢迎的人，成为快乐的人。这件事给阳阳留下了深刻的印象，在妈妈的启发下，阳阳渐渐理解了宽容的含义，学着去宽容待人了。

在孩子与他人发生争吵或矛盾时，家长可以教孩子学会从他人的角度来看待问题，让孩子把自己置于别人的位置，并站在别人的角度来思考问题。这样孩子不仅可以理解别人，还会赢得友谊。父母应该教育孩子经常自问："要是我处在这种情况下，我会怎么想呢？又会怎么做呢？""我现在应该为他做点什么，他的心里是不是会感觉好受一些呢？"这样，孩子往往会看到问题的另一面，从而养成其宽容的品格。

为孩子做出宽容的榜样

孩子的宽容之心最主要的来源就是父母。让孩子学会宽容，父母自己首先应有宽容的品质，遇到矛盾或冲突时能宽宏大量，不计较得失，能够高姿态，不怕吃亏，能饶人处且饶人，以此使孩子受到熏染与教育，孩子才能做到宽容他人。

好父母
给孩子最好的教育

　　一位年轻的妈妈带着儿子去公园玩。在公共汽车上，一位背着大包的青年挤进了车厢，妈妈被大包撞到了一边。

　　儿子关切地问："妈妈，你没事吧？"同时，他恼怒地看了那青年一眼，喊了一句："太可恨了。"

　　年轻的妈妈看着儿子，说道："可不能这么说，这位叔叔不是故意的。"这时，那位青年也连连向她道歉。儿子听到这些，惭愧地低下了头。

　　几天以后，妈妈早早地下了班，她骑着车子来到学校，准备接儿子回家，结果发现儿子的手破了皮，血一滴一滴地往下流。妈妈心疼极了，赶快找来一些纱布，将他的伤口包好。然后就去问老师是怎么回事，老师也很纳闷，因为自己既没有看到他来报告，也没有听到他哭过。

　　妈妈不解地问："为什么没有告诉老师呢？"儿子笑着说道："妈妈，小朋友不是有意弄伤我的呀！他已经向我道歉了。"

　　妈妈听了非常高兴，摸着儿子的头说："好孩子，你已经学会了谅解别人。"

　　故事中的妈妈用自己的实际行动，为孩子树立了正确的榜样，在孩子幼小的心田里播下了一颗宽容的种子，让孩子懂得了一个人要学会宽容和关心他人。

　　宽容的种子往往需要父母用心去播种，只有宽容的父母才能培养出宽容的孩子。孩子最初是从父母那里学习待人接物的方式的。父母宽容、大度、遇事不斤斤计较，与邻里、同事之间融洽相处，孩子就会学着父母的样子处理同学之间的关系，也会变得宽容、好善、乐与人处。

第四章 人无德不立，望子成人比望子成龙更重要

爱泽万物，有爱心的孩子内心更有力量

爱心是人类教育的一个永恒的主题，是人类所有情感中最高贵、最纯朴、最真挚的情感，是人类社会向前发展的最根本原因。从古至今，有一颗善良友爱的心一直是人们所推崇的。一个没有爱心的人，就是一个冷漠的人，一个与社会脱节的人。

曾经有人做过这么一项调查：今天的孩子缺什么？调查结果显示的一项就是缺少爱心。很多孩子从一出生开始，就有好几个大人围着他们一个人转。家里所有好吃的、好用的、好玩的，都是孩子优先；生活被照顾得无微不至；需要的一切都被大人完全包办代替了。长此下去他们就失去了爱心，形成了一种习惯——"人人都要为我""唯我独尊"，而且视之为理所当然的事情，最终几乎成了孩子的天性。

有一个幼教专家到某家幼儿园进行心理测试，有这样一个题目："一个小妹妹发烧了，她冷得直哆嗦，你愿意借给她外套穿吗？"结果孩子们半天都不回答。当老师点名时，第一个孩子说："病了要传染的，她穿了我的衣服，那我也该生病了，我妈妈还得花钱。"第二个孩子则说："我妈妈不让，我妈妈会打我的。"第三个孩子说："给我弄脏了怎么办？"第四个孩子说："怕弄丢了。"结果半数以上的孩子都找出种种理由，表示不愿意借衣服给生病的小妹妹。

听到孩子们让人心寒的回答，一位幼儿园老师实在不甘心这样的结果，叫来自己4岁的儿子问道："一个小朋友没吃早点，饿得直哭，你正在吃早点，你该怎么做呢？"见儿子不回答，她又引导："你给他吃吗？""不给！"儿子回答得十分干脆。妈妈又劝："可是，那个小朋友都饿哭了呀！"儿子竟答："他活该！"

好父母
给孩子最好的教育

现在的孩子为什么会有这样的表现呢？或许我们会感到痛心，但在痛心之余，我们也应该做一些反思。古人说："人之初，性本善"，其实并不是孩子生来就缺少爱心，而是由于父母对孩子的溺爱、不注意教育方式等，使孩子不懂得什么是爱心。所以，我们一定要对孩子进行爱的教育和熏陶，培养孩子懂得爱的高尚情操，培养孩子的博爱之心。

有一个真实感人的故事：

瑞恩是加拿大一个普通家庭的男孩。6岁的小瑞恩读小学一年级时，听老师讲述非洲的生活状况：孩子们没有玩具，没有足够的食物和药品，很多人甚至喝不上洁净的水，成千上万的人因为喝了受污染的水死去。

老师说："我们的每一分钱都可以帮助他们：一分钱可以买一支铅笔，60分就够一个孩子两个月的医药开销，两块钱能买一条毯子，70加元（约合380元人民币）就可以帮他们挖一口井……"

瑞恩深受震惊。他想为非洲的孩子挖一口井。

不过，瑞恩的妈妈并没有直接给他这笔钱，也没有把这个想法当成小孩子头脑一时发热的冲动。妈妈对瑞恩说："家里一时拿不出70加元。你要捐70加元是好的，但是你需要付出劳动。"妈妈让他自己来挣这笔钱，妈妈说："孩子你要多干一些活，多承担一些家务，慢慢地积攒，积攒到一定时候，就能够有这些钱了。"瑞恩说："好，我一定多干活。"

于是瑞恩开始承担正常家务之外做更多的事。哥哥和弟弟出去玩，他吸了两小时地毯挣了两块钱；全家人都去看电影，他留在家里擦玻璃赚到第二个两块钱；他还要一大早爬起来帮爷爷捡松果；帮邻居捡暴风雪后的树枝……

瑞恩坚持了4个月，终于攒够了70加元，交给了相关的国际组织。

然而，工作人员告诉他："70加元只够买一个水泵，挖一口井要2000加元。"

小小年纪的瑞恩没有放弃，他开始继续努力。一年多以后，通过家人和朋友的帮助，他终于筹集了足够的钱，在乌干达的安格鲁小学附近捐助了一口水井。

事情至此并没有结束，因为还有更多的人喝不上干净的水，瑞恩决定攒钱买一台钻井机，以便更快地挖更多的水井。让每一个非洲人都喝上洁净的水成了瑞恩的梦想。他真的坚持了下去。

瑞恩的故事被登在了报纸上。于是，5年后，这当初是一个6岁孩子的梦想竟成为千百人参加进来的一项事业。2001年3月，一个名为"瑞恩的井"的基金会正式成立。如今，基金会筹款已达近百万加元，为非洲国家建造了30多口井。这个普通的男孩，也被评为"北美洲十大少年英雄"，被人称为"加拿大的灵魂"，影响着越来越多的人去爱和帮助他人。

爱心，是人性光辉中最美丽、最暖人的一缕。没有爱心，没有人与人之间发自肺腑的关爱，就不可能有人类的进步。拥有爱心不仅会使世界变得美好，而且也会更有助于人自身的身心健康。

著名作家、社会活动家冰心曾说："有了爱就有了一切。"爱是美好品德的核心，是人类最伟大高尚的情感。对于孩子，我们不但要为他们创设一个被爱的环境，更重要的是要让他们学会如何去爱别人。爱，可以让我们的孩子察觉别人的困难，并唤醒他们的良知与感情。孩子才会变得宽容而富有同情心，才能理解别人的需要，才会伸出双手去帮助那些受到伤害和需要帮助的人。一个不会爱的孩子是可怕的，他的感情生活也将一片空白。

爱心的产生，是基于个体的社会性情感需要，它不是人与生俱来的品质，而是在后天的环境和教育的熏陶下逐渐形成的习惯性心理倾向，必须在童年时细心培养。所以，家长平时要注意对孩子一点一滴的培养，一言一行的引导，在平时生活中关注孩子，培养孩子的爱心，那仁慈博大的爱心，就会在孩子心头扎下根，并会随着孩子的成长而不断扩展和升腾。

呵护和鼓励孩子的爱心

当孩子爱心萌动的时候，家长要给予鼓励、引导，这是培养孩子的爱心首先要做到的。教育专家卢勤老师说："孩子的爱心是稚嫩的，你在乎它，它就会长大；你忽视它，它就会枯萎；你打击它，它就会死去。"如果家长想拥有一个富有爱心的孩子，那就在生活中培养它、呵护它吧！

晓玲是一个很有爱心的小学生，妈妈经常鼓励她去帮助他人。有一次，晓玲跟妈妈一起上街去买东西。在过马路的时候，晓玲看见一位行动不便的老奶奶，她看了看妈妈，妈妈正用鼓励的眼光望着晓玲。于是，晓玲主动走上前去，扶着老奶奶走过了马路。走到马路对面后，老奶奶十分感谢晓玲，夸她是个有爱心的好孩子。这时，走在后面的妈妈对晓玲说："晓玲，你注意了没有？旁边的叔叔都微笑地看着你，后边的阿姨向你投来赞许的目光呢！"果然，晓玲朝旁边一看，好多叔叔阿姨都微笑地看着她。晓玲高兴地回答道："老奶奶过马路时会很困难，我们每个人都应该帮助老人过马路，是吧，妈妈？"

妈妈赞许地点点头。

孩子的爱心是稚嫩的，需要保护的。面对孩子的爱心，即使是简单的一句问候，我们也应该欣然接受、热忱呵护，给予及时的表扬和肯定，让孩子在一份爱的环境里成长，更有助于孩子拥有一种积极健康的心态。

爱心教育从爱护动植物开始

苏联著名教育家苏霍姆林斯基说："从一个孩子如何对待鸟、花和树木的态度，可以看出他的道德水准。"有调查显示，在日常生活中，爱护小动物的孩子，绝大多数都具有爱心；而残忍对待小动物的孩子，均具有强烈的攻击性，缺乏爱心。所以，对孩子进行爱心教育，可以从指导孩子爱护身边的小鸡、小鸭、小猫、小狗、花草鱼虫开始，让孩子懂得珍惜生命，让孩子在亲自照料动植物的过程中，学会体贴入微地亲近生命。这种"实物教学"往往会收到潜移默化的教育效果。

　　一天，妈妈带女儿小丽去逛花卉市场。小丽她觉得那些花草实在是太美了，便恳求妈妈给她买一盆鲜花。妈妈同意了她的请求，买了一盆小花。妈妈希望小丽看到小花生长的整个过程，并且能够自己照顾它，并和小丽约定，由她负责照顾鲜花，给它浇水和施肥。

　　最初几天，小丽非常兴奋，每天耐心地给小花浇水，还根据日照的情况，不断给花盆挪动位置，并拿出本子，歪歪扭扭地在上面画出花卉生长的情况。可是，没过多久，妈妈发现，小丽给花浇水的次数越来越少了，甚至好多天都不给小花浇水，也不做记录，似乎她已把养花的事给忘了。结果，小花慢慢枯萎了，叶子也开始泛黄，生长的速度减慢了，再过几天，那盆花就要死了。

　　这一天吃过晚饭，妈妈把小丽叫到阳台，说："你给花浇水了吗？"小丽低着头说："没有。""为什么没有？""我……""我们在买这盆花的时候，你是怎么说的？由谁负责给这盆花浇水？"小丽沉默不语。"你看，这盆花多么伤心、悲哀！它失去了美丽的叶子而变得枯黄，而这都是因为你。"以后的日子里，小丽每天坚持给小花浇水，小花不久又恢复了以往漂亮的颜色。

　　爱护动植物，看似小事，其实，这是培养孩子爱心的一个最朴素和最有效的办法，父母必须抓住这个契机，让孩子知道怎么样亲近自然，亲近生活，亲近人类的朋友。在家庭条件允许的情况下，父母可以在家中养一些小动物，让孩子饲养，或者是养一些植物，让孩子来浇灌，在这个过程中，培养孩子对生命的尊重，间接地培养孩子的爱心。

给孩子提供奉献爱心的机会

　　在对孩子进行爱心教育时，家长要给孩子提供一些机会和条件，爱只

好父母
给孩子最好的教育

有落实到具体的事情和人身上，才能得到及时的加强和反馈，感觉到快乐和幸福，才能巩固爱的行为，丰富爱的感情。

春节期间，某市有很多志愿者家长带着孩子来到一个村子，给服刑人员的孩子送去了礼物和爱心。有家长去之前就给孩子说："那里的孩子更需要关怀和帮助，我们一定要给他们带去我们的礼物和新年诚挚的祝福。"

正因为有这么多有爱心的人来关心这个村子里的孩子，村里才充满了欢声笑语。很多志愿者带来的孩子都与太阳村里的孩子们玩着游戏，丢沙包、跳绳、拔河，大家脸上都洋溢着欢乐的笑容。村中孩子们的宿舍里，摆着志愿者为他们带来的各式各样的春节礼物。

"这些玩具我都玩不上了，可以送给那些比我还小的弟弟妹妹们。"有一位志愿者的孩子这样说，"春节前，我和爸爸妈妈通过收看电视节目了解到这个村里小朋友的情况后，知道许多像我一样大的孩子不能回家和父母一起过年，便想在春节期间来看望这些小朋友，于是找出一些自己的玩具以及用不着的文具，准备送给他们当春节礼物。"

"相比之下，带孩子出去玩和来这里，我认为还是后者更有意义。"一位志愿者家长说。负责接待志愿者的老师也说："这几天放弃假期休闲的机会，到这个村子做志愿者或来献爱心的人有很多。很多都是一家三口一起来的，给孩子们送来不少生活用品和小礼物。我想，通过这种活动，这些志愿者也给孩子上了一堂生动的爱心教育课！"

让爱心在孩子的心里扎根，离不开父母的引导。父母要引导孩子在关心人、帮助人的过程中体验幸福和快乐。日常生活的点点滴滴或某些重要事件，都是父母培养孩子爱心的好契机。家长可以利用节假日鼓励孩子去边远山区、贫困地区生活几天，了解那里生活的艰苦，从而做出帮扶的举动。用零花钱给那里的孩子买一些学习用具，把自己不穿的衣服送给那里的孩子等，都是孩子表达爱心的方式。有了这样行动上的表达，孩子能体会到帮助别人、爱别人的满足和快乐，就会习惯于做这样的事情。

教孩子学会感恩，使他获得快乐

感恩是中华民族的传统美德，是一种处世哲学，是一个人对自己和他人以及社会关系的正确认识；感恩也是一种责任，知恩图报，有恩必报，它不仅是一种情感，更是一种人生境界的体现。如果我们拥有感恩的美德，则可以沉淀许多的浮躁、不安，消除许多的不满与不幸。只有心怀感恩，我们才会生活得更加美好。

人们生活在这个世界上，时时接受着各种恩赐：父母的养育、师长的教诲、爱人的关爱、朋友的友情、大自然的慷慨赐予……然而，对于这些恩惠，有很多人似乎觉得这一切都是理所当然的，没有丝毫的感恩意识。这种现象在孩子身上尤为突出。

有一位名叫尹礼远的孩子，他家境贫寒，父亲左手残疾，母亲痴呆。因为从小就知道父母的艰辛与不易，小小年纪的尹礼远显得比他的同龄人更加成熟与懂事，他除了更加勤奋刻苦地学习，以此来报答亲人对他的期望之外，还想方设法减轻家里的负担。

为了节省作业本，他写了擦，擦了写，一个本子至少要写三遍；为了节省鞋子，暮春时他就光脚，一直到立秋才穿鞋。若是遇到下雨、下雪天，即便是冬天，他也要脱下鞋走路。假期还去工地做工赚学费。

尹礼远的故事感动了千千万万的人，人们除了心疼这个懂事的孩子之外，对他更多的是敬佩与疼爱。人们为他捐款、捐物，更有人资助他完成小学到高中的学业。而尹礼远也不负众望，他说除了更加认真地读书以外，他还要做更多的事情回报关爱他的社会。

与尹礼远不同的是另一个男孩的命运：

这个男孩有着与尹礼远相似的悲惨故事，他的父母几年前双双因病去世了，他和行动不便的爷爷住一起，生活十分困难。因为学习成绩很好，社会上有个好心人主动和学校联系，要求资助他。

节假日，这位好心人把他接到家里去玩，结果这个孩子的表现令人反感：随意翻好心人家里的东西，对人没有礼貌，也不知道做任何事，连吃饭都要等着别人端碗；当他们给他买衣服，给他钱的时候，他根本没有一丁点儿感激的意思，甚至一句感谢的话都没有。他们以为一个苦孩子一定是非常懂事的，可是孩子的表现使得全家大失所望。

结果，暑假后，这位好心人取消了对这个男孩的资助。他说："一个孩子连一点儿感恩之心都没有，反而觉得别人给他帮助是理所当然的，这样的想法会让他失去自立精神，会害了他。"

俗话说："滴水之恩，当涌泉相报""投之以桃，报之以李"……然而现在，我们也不得不承认这样一个事实：知道感恩的人不太多了，尤其是孩子。

如今的孩子多数是独生子女，在家的地位可谓是"位高权重"。全家一切以孩子为中心，而孩子从小到大都是扮演被爱的角色，久而久之，很多孩子认为从父母那里得到东西是理所当然的，生活中只知道索取，不知道回报，自然不会想着去关心他人、感激他人。所以教育孩子"学会感恩"是一件重要的事情。让孩子学会感恩，其实就是让他学会尊重他人，对他人的帮助时时怀有感激之心。

有一位年轻的妈妈，每逢孩子生日那天，她没有给孩子买生日蛋糕，也没有为孩子大摆宴席，却不忘记带孩子去产科医院，去看望那位曾经给自己接生的白衣天使，告诉孩子是那位医生阿姨把你带到了这个世界……让孩子给那位医生阿姨送上一束美丽的鲜花，送上全家一颗感恩之心。妈妈在孩子生日那天，虽然没有给孩子买生日礼物，却给了孩子无价之宝——一颗感恩的心。

感恩教育是家庭教育的重中之重。一个懂得感恩的孩子会更珍惜自己的生活，善于发现事物的美好，感谢他人给予的一切。感受平凡中的美丽，就会以坦荡的心境、开阔的胸怀来应对生活中的酸甜苦辣。让孩子学会感恩，从而让孩子以友善之心对待他人，尊重他人的劳动，也更加尊重自己。这有助于孩子良好品格的形成，使孩子一生受益无穷。

让孩子学会感恩他人

　　有这样一个家庭，在他们家的客厅里，永远摆着一个感谢箱。家中的每个人都可以把他们所要感谢的人、感谢的事写在一张小纸条上，投进感谢箱里。每到周末，全家人都要开一个感谢大会，一起分享感谢箱里的小纸条。

　　在这种环境下，孩子特别懂得感恩，几乎每天都会往感谢箱里投小纸条：

　　感谢妈妈为我做了可口的早餐，使我有精力去面对每一天。

　　感谢爸爸每天"开"着自行车送我去上学，使我有了充足的时间做好课前准备。

　　感谢老师辛勤的付出，使我不费很大力气就掌握了那么多的知识。

　　……

　　我们每个人生活在社会中，都可能受到别人的帮助。家长要让孩子懂得用感恩之心去感受世间的亲情、友情和恩情，在接受他人关爱、支持和援助时，给他人以回报，不要只图索取和享受。教育孩子将他人恩惠铭记在心，增强责任感。只有从小培养孩子感悟他人对自己的好，对自己的帮助，让孩子拥有一颗懂得感恩的心，长大之后才能成为一个懂得感恩的人。

不要包办代替，避免孩子陷入一切都是理所当然的误区

生活中，父母不要对孩子付出太多，干预太多，不要为孩子打理一切事务。如果父母对孩子的保护过多，那么孩子就会渐渐习惯父母的包办代替，就会陷入这一切都是理所当然的误区。久而久之，孩子就很难感谢父母对自己所做的一切了。

一位母亲在为孩子操办一个盛大的生日派对后，孩子却不领情，直埋怨母亲这里做得不好，那里做得不好。母亲觉得很伤心，问自己的孩子："母亲花这么多钱和精力筹办这个生日晚会，你有没有感恩的心？"

孩子说："你办得好，当然我会感恩，但是你没有办好，我为什么要感恩？"

"就算你不满意，但是母亲这么辛苦，你就没有一点感恩之情吗？"

"我不觉得这很辛苦啊，为什么要感恩？"

"这个不辛苦，但是母亲生你，就不值得你感恩吗？"

"你们结婚生我，不是为自己也开心吗，我为什么要感恩？"

母亲语塞，哭了起来。

很多孩子都认为自己得到的东西是理所当然的，父母为自己所做的事情当然也是他们应该做的。这使得孩子只要求别人关心、爱护、迁就自己，却不会想着去关心别人、感激他人。作为家长，要告诉孩子，父母的爱虽是无私的，但并非无偿的，父母也期待着孩子的关心与安慰，哪怕是一点点，哪怕是微乎其微，他们也会很欣慰的。

父母要以身作则

一个人是否有感恩之心，与他所处的环境，所受到的教育是密不可的。父母是孩子的第一任教师，父母的一言一行，一举一动都将对孩子产生潜移默化的影响。因此，作为父母，我们应该常怀一颗感恩之心，尊老敬老，善待我们身边的人和事。

孙俪从小就很懂事，爸爸下班时知道给爸爸拿拖鞋，为爸爸倒杯水，捶捶背。很多人都夸奖孙俪孝顺，实际上，孙俪的孝顺行为都是从爸爸那里学来的。

孙俪的奶奶半身不遂，卧床不起，每天都是爸爸给她梳头、做饭、洗衣服。孙俪看到爸爸对奶奶这样，也学着爸爸的样子照顾奶奶了。

后来，孙俪开始上学，也懂得了很多道理。她知道爸爸很孝顺奶奶，看到爸爸天天这么劳累，她就自觉地替爸爸做些力所能及的事情，渐渐成了令别人的父母羡慕不已的好孩子。

在日常生活中，父母要严格要求自己，从点滴做起，向孩子渗透感恩的意识，并在一些小事上给予积极的引导。凡是要求孩子做到的事，自己首先要做到、做好。要求孩子尊敬老人，父母首先就要尊敬老人。让自己的一言一行、一举一动随时随地地成为孩子学习的榜样，使自己的自觉行为潜移默化地影响到孩子。如果父母常怀一颗感恩之心，那么孩子也势必会拥有一颗感恩的心。

骄傲自满要不得，谦虚会让孩子走得更远

谦虚是一种美德，这也是为人处世的一种方式。教育孩子学会谦虚，对孩子的成长是很关键的。俗话说，谦虚使人进步，骄傲使人落后。这是千年不变的恒言。看看古今中外那些先哲伟人，即使取得了令人瞩目的成

绩，也绝少有人因为自己具有足够资本而狂妄自大的，相反，他们倒是非常自知而又非常谦虚的。

被人们称为"力学之父"的牛顿发现了万有引力定律，在热学上，他确定了冷却定律。在数学上，他提出了"流数法"，建立了二项定理，和莱布尼兹几乎同时创立了微积分学，开辟了数学上的一个新纪元。他是一位有多方面成就的伟大科学家，然而他非常谦逊。对于自己的成功，他谦虚地说："如果我见的比笛卡儿要远一点，那是因为我站在巨人的肩上的缘故。"他还对人说："我只像一个海滨玩耍的小孩子，有时很高兴地拾着一颗光滑美丽的石子，真理的大海还是没有发现。"

俄国生理学家巴甫洛夫说过："无论在什么时候，永远不要以为自己已经知道了一切。不管人们把你评价得多么高，你永远要有勇气对自己说：我是个一无所知的人。"一个人不管自己有多丰富的知识，取得了多大的成绩，或是有了何等显赫的地位，都要谦虚谨慎，不能自视过高。只有心胸宽广，博采众长，才能不断地丰富自己的知识，增强自己的本领，进而创造出更大的业绩。

谦虚是一切美德的根本，只有谦虚的人才可以接受更多的知识和做成更多的事情。骄傲是谦虚的对立面，是前进的大敌。即使再有才华的人，也不能忽视这一点。生活中，有的孩子拥有了某些方面的特长，就觉得自己水平很高、能力很强，从而就骄傲起来；有的孩子考试成绩好，就瞧不起成绩差的同学，甚至觉得自己什么都比人家厉害。俗话说，谦受益，满招损。骄傲自大对孩子的成长很不利。因此，父母要教育孩子明白谦虚是非常重要的，对于一生都会受益。否则就会让孩子始终处在一种自大之中，以致其害无穷。

于淼是小学四年级的学生，学习成绩一直名列前茅，因此非常骄傲自大。在学校里，她处处都表现得非常清高，不愿意和成绩不好的同学一起玩，觉得跟他们在一起实在没有什么意思。对于任课老师，于淼也不太尊敬，她总觉得老师的水平不过如此，自己通过自学也能够学到很多知识。

不过，于淼觉得最值得敬重的就是自己的爸爸了，因为爸爸常常会给于淼介绍一些学习方法，讲一些关于名人名言的故事。因此，她也常常喜欢和爸爸聊天，甚至会让爸爸看自己写的周记。

一天，于淼在让爸爸看的一篇周记中表现出明显的骄傲，也体现了她看不起同学的思想，还提到了与语文老师之间发生的争执，原因是语文老师批评于淼写作业不够仔细，而于淼觉得老师是有意找她麻烦。

到了第二天，于淼发现了爸爸写给她的字条："老师批评你，并不是因为看不起你，而是他希望你进步。因为他明知不批评你，你不会怨恨他；批评你则会招来你的怨恨，但是，他依然选择了批评你，原因就是他希望你进步，希望你谦虚。女儿，古语云'满招损，谦受益'，爸爸也希望你能谦虚。"

于淼深受感触，从此以后，在爸爸的帮助下，她逐渐改掉了骄傲的毛病。

每个人取得良好的成绩之后，都会喜出望外，因此往往在不知不觉中，就显现了骄傲的情绪，孩子更是如此。骄傲自大只会对孩子的发展产生消极影响，唯有谦虚才是孩子成功的基石。因此，父母应该注重对孩子的谦虚品质的培养，这对孩子的成长和发展是极为重要的。

不要一味地表扬孩子

心理学家认为，在生活中，孩子骄傲、自负性格的形成与父母有着很大的关系。很多父母在教育孩子的时候总是轻易地、过多地对孩子进行表扬。不可否认，表扬在一定程度上能够起到激励、支持孩子的作用，但是表扬多了，就会起到反作用。尤其是对一些比较优秀的孩子来说，表扬过多往往会导致孩子产生骄傲自满的心理。父母在表扬孩子的时候要注重表扬孩子的某种行为，不要表扬孩子本身——这是表扬的一个技巧。

好父母
给孩子最好的教育

卡尔·威特在生下来时被认为是一个智障儿,但父亲老威特运用一种与众不同的教育方法,使小威特8岁时就已经掌握了六种语言。同时,他还通晓多门学科,尤其擅长数学。小威特在9岁时就考上了哥廷根大学。当他未满14岁时,就被授予哲学博士学位。16岁时又获得法学博士学位,并被任命为柏林大学的法学教授。

对于这样一位才华出众的天才,父亲老威特非常注意培养孩子谦虚的品德,他禁止任何人表扬他的儿子,生怕孩子滋长骄傲自满情绪而毁了他的一生。

有一次,赛思福博士对老威特说:"你的儿子骄傲吗?"老威特说:"不,我儿子一点也不骄傲。"他不相信,一口咬定说老威特的儿子一定骄傲。事后,他看到小威特并和他谈了很多话才肯相信,他对老威特的教育方式十分敬佩。

还有一次,督学官克洛尔来到哥廷根,因为听说了小威特的事,就很想考考小威特。老威特答应了这一要求,按照惯例,老威特也有个条件,即不管考得怎样,绝不要表扬自己的儿子。据说小威特擅长数学,所以克洛尔提出想考考数学。考试开始了,他先从人情世故考起,然后进入学问领域,小威特对每个问题的回答都使他十分满意。最后,克洛尔开始了他所擅长的数学考试。由于小威特擅长此技,所以越考越使克洛尔感到惊异。每一题小威特都能用两三种解法完成,也能按克洛尔的要求去解题。这样他就不由自主地赞扬小威特了,这时,老威特赶紧给他递眼色,他这才住了口。

由于他们二人都擅长数学,考着考着就进入了学问的深层次,并最终走到克洛尔所不知晓的地方。这时,克洛尔不由自主地叫了起来:"哎呀!他已经超过我了!"

老威特想这下坏了,立即泼冷水:"哪里,哪里,由于这半年儿子在学校里听数学课,所以还记得。"克洛尔还不死心,又对小威特说:"你再试试这道题,这道题欧拉先生考虑了三天才好不容易做出来。如果你能做出来,那就更了不起了。"

听了这话，老威特不禁担心起来。他并不是怕儿子做不了那么难的题，而是担心如果儿子真的把那道题做了出来而骄傲起来。但老威特又怕引起克洛尔的误会，以为自己害怕儿子做不出那道题，又不好说"请不要做那道题了"，只好故作镇静地看着。克洛尔把问题说明后，就问小威特有没有听说过，或者是在书上看到过这个题。小威特说没有。他说："那么给你时间，你做做看。"说完就拉着老威特的手退到房间里面，对他说："你儿子再聪明，那道题也很难做出来，我是为让你儿子知道世界上还有这样的难题才出的。"

可是，话音刚落，就听小威特喊道："做出来了。""不可能！"克洛尔说着就走了过去。这时，他有些不高兴地说："你事先知道这道题吧？"小威特一听就感到很委屈，含着眼泪反复声明说："不知道，不知道。"

看到这种情形，老威特再也不能沉默了，他说小威特是从不撒谎的。这时克洛尔说："那么你的儿子胜过欧拉这个大数学家了。"老威特马上掐了一下他的手，立即说："瞎鸟有时也能捡到豆。这也是偶然的。"

克洛尔这才领会到老威特的意图，点着头说："是的，是的。"他非常佩服老威特的教育方法，他知道不管小威特有多大的学问也绝不会骄傲。小威特也很快同其他人高兴地谈起别的事情，这一切也使克洛尔十分喜欢。

老威特非常了解孩子的心理，他懂得培养孩子谦虚品质的重要性，而不是一味地表扬孩子。

孩子的自制力较差，表扬过多就会导致孩子产生骄傲自满的心理，以致迷失自我，最后沦为平庸。因此，父母在生活中应该有意识地避免过度表扬孩子。父母要明白表扬孩子本身没有错，但是，千万不要一味表扬，而且表扬孩子的时候也应该注重表扬孩子的某种行为，而不要表扬孩子本身。

指导孩子谦虚做人

芳芳是个聪明好学、全面发展的优秀学生。她不仅学习成绩名列前茅,而且从小学习舞蹈,歌也唱得好,所以在班里同学和老师都很喜欢她,家长也以她为荣。慢慢地,芳芳开始骄傲起来,翘起自大的小尾巴。

这个时候,芳芳的妈妈却很清醒,发现女儿有了骄傲情绪,就对女儿说:"芳芳,你做到的别人也能做到,你做不到的事别人甚至也能做到。你取得的这些成绩不算什么,不应该骄傲啊。"

芳芳不服气地说:"可是,我学习成绩好,舞跳得好,歌也唱得好呢,好多同学都比不过我呢!"

妈妈说道:"这很简单啊,爸爸从小就送你去学习舞蹈和声乐;妈妈是教师,从小就教你学习了。这只能说明你运气好,出生在一个教育条件相对来说好一些的家庭。很多同学没有条件得到这些。同样的种子,有的落在戈壁滩上,有的落在江南肥沃的土地上,长出来的植株当然会有很大差别。你只是运气好受到良好的教育,其实本质上你与别人的孩子都是一样的。"

芳芳想了想,然后对妈妈点了点头。

孩子取得了好的成绩,拥有其他特长容易自视与众不同、优于其他人。当孩子骄傲自大时,父母要找准时机,耐心引导孩子,让孩子知道骄傲自满只能带来失败,及时指导孩子谦虚做人。

给孩子做出谦虚的表率

孩子非常容易受到父母言行的感染。如果父母不懂得谦虚谨慎,孩子往往就会效仿。所以如果要想把孩子教育成一个谦虚谨慎的人,父母首先要做一个谦虚谨慎的人。

第四章　人无德不立，望子成人比望子成龙更重要

一天，居里夫人的一个朋友到她家做客，忽然看见她的小女儿正在玩英国皇家协会刚刚奖给她的一枚金质奖章，不禁大吃一惊，忙问："居里夫人，现在能得到一枚英国皇家协会的奖章是极高的荣誉，你怎么能给孩子玩呢？"居里夫人笑着说："我是想让孩子们从小就知道，荣誉就像玩具，只能玩玩而已，绝不能永远留着它，否则就将一事无成。"

父母教育孩子学会谦虚做人，首先就要给孩子做一个谦虚的表率。父母是孩子的第一任教师，是孩子仿效的最直接的榜样，父母应该成为孩子高尚人格的榜样，要谦虚友善，不要在孩子面前表现出骄傲情绪，以免让孩子受到不良影响。

谎言总会被揭穿，诚实的孩子最可爱

诚实是我们中华民族的传统美德，是我们做人的第一要素。自古以来，人们就重视孩子的诚实教育。"狼来了"的故事，大家耳熟能详，它告诫我们：一个不诚实爱骗人的孩子，最后会失去援救而被狼吃掉。不诚实、说谎话向来被人们唾弃，并被当作人的恶习之一。不难想象，一个爱说谎愚弄他人的孩子很容易让他人产生厌烦和不信任，甚至是鄙视。这样的孩子必然会跟社会环境格格不入，必然遭到集体和社会的否定。所以，父母要教育孩子做一个诚实的人，具有诚实的品质往往能使孩子结交更多的朋友，得到更多的帮助，受到更多的关怀，这对孩子的身心健康发展无疑有重要作用。

1760年，北美洲是英国的殖民地。有一个七岁的孩子，长大想当

好父母
给孩子最好的教育

一名军人，打算自己做一把木枪。他拿着一把锋利的斧子，在庄园里转来转去。忽然，他发现一块空地边上，有棵青翠挺拔的小树，不高不矮，树干正好做一把木枪。于是，他就挥起了斧子，不大工夫，就砍倒了小树，削去枝蔓，准备明天接着做木枪。傍晚，他听见爸爸在院子里发脾气："是谁把我最心爱的这棵樱桃树给砍啦？"他从楼上看见爸爸周围有许多人，他们都说不知道是谁干的。原来，这棵樱桃树是他出生的时候，爸爸为做纪念特意为他栽的，还告诉过他。他只顾着做木枪，却把这件事给忘了。现在闯了祸，该怎么办？

他想起春天同爸爸的一次谈话。爸爸说："只有诚实，才能互相信任，才能团结一致战胜敌人，成为勇敢的军人。"想到这里，他鼓足勇气跑下楼去。

爸爸的火气越来越大，手里的皮鞭挥得很响，他跑过去，垂下头，轻声说："爸爸，是我砍的！""你闯了祸，没想到要挨揍吗？"爸爸把皮鞭举起来，大声喝道。

他勇敢地回答："爸爸，您告诉过我，要当一名勇敢的军人，首先必须诚实，是吗？现在，我就是按您的要求做的，我做了错事，请您处罚。"

爸爸丢掉皮鞭弯下腰来，一把抱住他说："你承认了错误，爸爸原谅你。我很高兴，因为它比一千棵樱桃树还要珍贵。"

这个孩子的名字叫华盛顿，他长大以后，当选为美国的第一任总统。由于父亲的教导，华盛顿一生都把诚实作为做人的准则。

孩子是否有诚实的品德，直接关系到孩子将以一种什么样的态度去对待人生，也关系到他人将对其行为做出何种评价的问题。无论何时，诚实的孩子都是优秀的，他们真诚地对待每个人、每件事，坦坦荡荡，光明磊落，他们一定会在学业与人生的发展道路上越走越稳，越走越好。为此，作为父母，应利用一切可利用的机会以各种形式对孩子进行引导、教育，

第四章 人无德不立，望子成人比望子成龙更重要

鼓励孩子养成诚实的品德。

有两个孩子在广场上玩闭眼睛走路的游戏，他们选了两根柱子，把这两根柱子作为游戏的起点和终点。这两个孩子达成协议，他们从一根柱子旁边闭上眼睛走到另一根柱子旁边，先到者是赢家，而后到者或者睁开眼睛走路者要认输。

比赛开始了，两个孩子都闭上眼睛往前走。其中一个孩子一开始遥遥领先，心里非常高兴，而另一个孩子逐渐听不到对方的脚步声，就冲着前面的孩子喊道："你闭眼睛走得真快，以你这样的速度会让我输得很惨的。"

然而，被胜利冲昏了头脑的领先者，为了让对方输得更惨，也为了能够让自己更好地体会胜利者的快感，竟然不顾游戏规则，在后面孩子看不到他的情况下，趁机睁开眼睛往前跑去，他心里想的只是如何将对手甩得更远。

领先者的这一举动虽然没有被那个仍然闭着眼睛往前走的孩子看到，但是却被广场上的观众看得清清楚楚。人们责备这个孩子不遵守游戏规则、不讲究信用，就凭着睁眼跑路这个"小动作"，这个本来可以赢得比赛的孩子，却输掉了比赛。

其实，也仅仅是因为那个"小动作"，让这个本来拥有90%成功概率的孩子，成为人们心目中的失败者，而且是一个永远的失败者。

诚实的孩子是受人欢迎、尊重和信任的。在家庭教育中对孩子诚实品质的培养，能使孩子抵御不良影响的侵袭。当孩子一旦形成诚实的品质后，他们就不会在父母、老师、同学面前或弄虚作假，或当面一套背后一套，或挑拨是非，等等。因此，培养诚实的品质是使孩子形成优良品质，克服不良品质的重要途径。

纠正孩子的说谎行为

英国哲学家斯宾塞曾说：要想使孩子成为一个堂堂正正的人，这些规

好父母
给孩子最好的教育

矩必先学会遵守：要教育孩子讲真话，不说假话；做错事勇于承认错误并及时改正；无论怎样都要做到诚实。如果家长对孩子的错误行为没有及时地纠正，而是听之任之，任其发展，就只能助长孩子的不良习惯。所以，当发现孩子不诚实的行为时，家长一定要及时纠正。

刘琦是一个只有9岁的小男孩，但说谎骗人的本事却很大。一个星期五的下午，老师给刘琦的父母打电话，问他们的儿子这两天没有去上学是什么原因。当时他的母亲被搞糊涂了，不明白到底是怎么回事。因为每天早上她都亲自把儿子送到学校门口，看着他走进学校才转身离去，他怎么可能没去上学呢？她觉得儿子逃学是不可能的事情。

晚上刘琦回到家，无论父母如何苦口婆心地劝说，他就是不承认自己逃学。没办法，父母只好狠狠地揍了他一顿。最后，刘琦一五一十地交代了他最近几天的所作所为。原来，每天等母亲把他送到学校门口、转身离开后不久，他便溜出了学校。学校附近有一个商场，刘琦上午就在商场的儿童乐园里泡着，下午跑到商场中的书店里待着。接连几天，他就在商场中闲逛。刘琦说商场里人多，好玩儿，而且还不用学习，不用受老师的管教。他在那里待着也不着急，反正书包里有的是吃的和喝的，还有自己喜欢看的小人书。每天中午，刘琦等学校放学了，就跟往常一样来母亲的办公室吃中午饭，下午放学也是准时回家。如果老师没有打电话，父母还一直被蒙在鼓里。

做父母的最痛恨的就是孩子撒谎，刘琦的父母平时也没少教育他做一个诚实的好孩子，可是他仍然如此轻松地撒了谎。这件事情让刘琦的父母陷入了沉思，不知该怎样让诚实刻入孩子的头脑。其实，这是缺乏技巧的缘故。

孩子说谎是有个形成过程的，假如孩子初次说谎成功，就会为形成坏习惯打开一扇门,而坏习惯一旦形成,就难以纠正。对初次说谎的孩子,父母不能生硬训斥,又是批评又是打骂,我们要做的不是为了惩罚而惩罚,而是如何让孩子改正错误。当孩子第一次说谎时,父母应当让孩子懂得说谎是不对的,好孩子是不说谎的,要明确地提出下次不许说谎,要做一个诚实的好孩子;同时,还要和孩子探讨如何改掉说谎的毛病。孩子由于年龄小,缺少经验,说谎话时一定破绽很多,容易被察觉。因此,只要父母留心,仔细观察分析,抓住孩子第一次说谎,进行细致耐心的教育,孩子说谎的缺点是容易得到克服的。

给孩子做诚实的榜样

诚实,是每个人都应具备的品德,如果父母要想真正让孩子养成诚实的品德,就必须在日常生活中,在平时的小事上处处注意,为孩子做出表率,以培养孩子拥有诚实的品德。

有一位家长,自己参加职称考试,回到家和家里人大谈特谈自己考试时是如何抄袭的。过了不久,他就被孩子的老师请到了学校,原因是孩子在考试时作弊。当问及孩子时,孩子说你考试能抄,我考试时为什么不能抄呢?家长无言以对。

由此可见,父母的示范作用有多大。在生活中,父母应该做孩子诚实的榜样,做到待人诚恳,不说假话,用自己的言行来引导孩子逐渐形成诚实的品德。

给予孩子充分的信任

父母尊重和信任孩子,孩子才会反过来更加尊重和信任父母。信任父母的孩子是不会说谎的,因此,和孩子相互信任,孩子说谎的原因就不存在了。

苏联伟大的教育家马卡连柯非常重视对孩子的信任,他认为,信任可以培养孩子的诚实。

有一次，马卡连柯派一个曾经是小偷的学生去几十里外取一笔数额不小的钱。这位学生由于曾经是小偷，在同学的眼中被视为另类，没人与他来往，他非常渴望得到这次信任。

接到马卡连柯的任务后，这位学生简直不敢相信这是真的，他问马卡连柯："校长，如果我取钱后不回来，你会怎么办呀？"马卡连柯平静地回答："这怎么可能？我相信你是一个诚实的孩子，快去吧！"当这位学生把钱交给马卡连柯的时候，他要求马卡连柯再数一遍。马卡连柯却说："你数过了就行。"于是，随手把钱扔进了抽屉。

事后，这位学生是这样描述自己的心情的："当我揣着钱走在路上，一路上我在想，要是有人来袭击我，哪怕有十个人或者更多，我也会像狼一样扑上去，用牙咬他们，撕他们，除非他们把我杀死！"

马卡连柯就是运用信任的方法培养了这位学生的诚实。因为只有用信任才能换来诚实。

培养孩子诚实的品德，最重要的是在彼此之间建立一种以相互信任为基础的关系。如果父母常常表现出信任感，任何年龄的孩子都会为此而自豪，从而养成实事求是的习惯。即使发现孩子说谎，父母也不应为此而结束对其信任，应该告诉他：一句谎言是可以被宽恕的，但如果继续这样发展下去，就会失去父母对你的信任。

第五章　习惯决定命运，
　　　好孩子有好习惯

播下一个行动，收获一种习惯；播下一种习惯，收获一种性格；播下一种性格，收获一种命运。良好习惯是人生巨大的财富。培养优秀的孩子，前提是要让孩子建立起良好习惯，好习惯将受益终身。但好习惯的养成不是一蹴而就的事情，家长不能急于求成，要知道良好的习惯要从点滴抓起，从孩子早期抓起。

知礼、懂礼、行礼——有"礼"的孩子惹人爱

我国历来有"礼仪之邦"的美誉,讲"礼"重"仪"是中华民族的优秀传统。对一个人来说,礼仪是一个人的思想道德水平、文化修养、交际能力的外在表现,对一个社会来说,礼仪是一个国家社会文明程度、道德风尚和生活习惯的反映。

礼仪是一个人待人接物、进行社会交往时的素质体现。一次失礼,带来的往往不仅仅是失意与不顺畅、难堪与尴尬,更可能是工作的不顺畅、做人的失败、事业停滞不前。因而,身处社会中,注重仪表形象,掌握交往礼仪,融洽人际关系,成为每个人生旅途中的一门必修课。一个人的礼仪教育,就要对孩子从小进行。

有两个女孩,是一所师范学校的毕业生,模样姣好,穿着入时,可就是不太讲究礼仪。

一次,这两个女孩去一家公司找同学。这家公司的办公室是开放式的,一个大房间里有七八名员工,平日里大家交流、打电话都细声细气的,以免相互影响。不想这两个女孩一进屋却如入旷野之地,大声呼唤同学的名字,而且大大咧咧地高谈阔论、东张西望,一副旁若无人的样子。

两个女孩的言谈举止在人们的心中留下不那么美好的印象,而且这种印象在有意无意间波及她们的同学,让那位同学也因此而觉得自己矮了一截。

生活中有很多这样的例子:仅仅因为一个礼节的细微疏忽,便使自己的形象在别人的心目中大打折扣。一般人认为:这不过是一些小节、细

节，无碍大雅。然而，举不胜举的事实证明，就是这些小节，往往决定了事情、事业的成败，分辨出了人的文明教养程度。

　　礼仪是一个人自身道德修养和文明程度的体现，可以更好地显示自身的优雅风度和良好的形象。一个彬彬有礼、言谈有致的人，在其人生道路上将会如坐春风，受到人们的尊重和赞扬，而且他自己就是一片春光，给别人、给社会带来温暖和欢乐。

　　古人云，谦谦君子，赐我百朋。只有懂得礼仪的人才能获得更多的朋友。礼多人不怪，人们都将一个人是否彬彬有礼作为其社会地位和受教育程度的检验标准。礼貌待人可以在人和人之间架起理解的桥梁，减少矛盾。文雅、和气、宽容的语言，不但沟通人们的心灵，而且反映了一个人的思想和文化修养。正如俗话所说：礼到人心暖，无礼讨人嫌。

　　　　某高校的一批应届毕业生，被导师带到某实验室里参观实习。他们坐在会议室里，等待实验室王科长的到来。这时，有位实验室的服务人员来给大家倒水，同学们表情漠然地看着她忙活，其中一个还问："有矿泉水吗？天太热了。"
　　　　服务人员回答说："真抱歉，刚刚用完。"
　　　　学生们顿时怨声一片。
　　　　只有轮到一个叫潘杰的学生时，他轻声地说："谢谢，大热天的，辛苦了。"
　　　　这个服务人员抬头看了他一眼，满含着惊奇，因为这是她当时听到的唯一的一句感谢话。
　　　　这时候，王科长走进来和大家打招呼，可能大家已经等得不耐烦了，竟没有一个人回应，王科长也感到有点尴尬。潘杰左右看了看，犹犹豫豫地鼓了几下掌，同学们这才稀稀落落地跟着拍起手来，由于掌声不齐，显得有些零乱。
　　　　王科长挥了挥手说："欢迎同学们到这里来参观。平时这些事一般都是由办公室负责接待，因为我和你们的导师是老同学，非常要

第五章　习惯决定命运，好孩子有好习惯

好，所以这次我亲自来给大家讲一些有关的情况。我看同学们好像都没有带笔记本。这样吧，秘书，请你去拿一些我们实验室印的纪念手册，送给同学们作个纪念。"

接下来，更尴尬的事情发生了，大家都坐在那里，一个个很随意地用一只手接过王科长双手递过来的纪念手册。

王科长的脸色越来越难看，走到潘杰面前时，已经快要没有耐心了。

就在这时，潘杰礼貌地站起来，身体微倾，双手接过纪念手册，恭恭敬敬地说了一声："谢谢您！"

王科长闻听此言，不觉眼前一亮，用手拍了拍潘杰的肩膀："你叫什么名字？"

潘杰很礼貌地回答了自己的姓名，王科长点头微笑回到自己的座位上。

早已汗颜的导师看到此情景，才微微松了一口气。

两个月后，在毕业生的去向表上，潘杰的去向栏里赫然写着这个实验室的名字。有几位颇感不满的同学找到导师问："潘杰的学习成绩最多算是中等，凭什么选他而没选我们？"

导师看了看这几张因为年轻而趾高气扬的脸，笑道："潘杰是人家实验室点名来要的。其实，你们的机会不仅是完全一样的，而且你们的成绩还比潘杰好，但是除了学习之外，你们需要学的东西还有很多，礼貌便是重要的一课。"

成功看似偶然，却隐藏着必然。一声"谢谢"，虽然微不足道，却体现了一个人的素养，也许能够在关键时刻改变人的命运。在接受别人帮助时，道一声感谢，是对别人文明之举的一种肯定，同时也体现了一个人的教养。

法国作家大仲马说过："有些人学了一生，而且学会了一切，但却没有学会怎样才有礼貌。"礼仪是个人美好形象的标志，是一个人内在素质和外在形象的具体体现；如果我们时时处处都能以礼待人，那么就会使我们显得很有修养。

"做人先学礼"，礼仪教育是人生的第一课。古人就有"不学礼，无以立"的说法，就是说从小不学好礼仪，长大之后处身立世就会比较困难，由此可见，孩子的礼仪教育就需要从小进行，才能为未来成长奠定一个良好的基础，不论待人接物也好，或者为人处世也好，都将是至关重要的。但是随着时代的发展，生活节奏的加快，很多家长却都忽视了这一点，以致现在的孩子在礼仪方面的学习有很严重的缺失，而且在亲朋好友眼里，不守规矩和礼仪的孩子也不是一个讨人喜欢的孩子。所以，如何教育孩子懂礼貌也就成了教育中不可小觑的一个问题。

礼仪是一种习惯的养成，而习惯的养成是一个长期的过程，并不是一蹴而就的。它必须通过父母良好的礼仪教导，对孩子不断熏陶、渗透、强化。俗话说，少成若天性，习惯成自然。所以作为父母，一定要从小注重孩子的礼仪培养，为孩子良好品格的形成奠定坚实的基础。

教孩子学会常用的礼貌用语

教孩子学会礼貌语言，是培养他们优良道德品质的重要内容。语言美能反映一个人的心灵美与高尚的情操。孩子年龄小，缺乏社会生活和交往的经验，不懂得什么是礼貌语言，也不会使用，因此父母要认真地教会他们。

莉莉是一个很可爱的小女孩，但让妈妈比较困扰的一点就是莉莉不太懂礼貌。

莉莉想喝橙汁了，就会冲着妈妈大喊："我要喝橙汁！"

妈妈为了教会莉莉使用礼貌用语，就故意装作没听见。

莉莉叫了几声，见妈妈不理，就跑过来说："妈妈，你有没有听见我说要喝橙汁呢？"

妈妈说："我听见了，可我不知道你在叫谁呀，你又没有叫'妈妈'。"

莉莉笑着说:"妈妈,我想喝橙汁。"

"说得还不对。"

"怎么又不对了?"

"你要说:'妈妈,我想喝橙汁,请您帮我拿,好吗?'"

莉莉重复了一遍这句话后,妈妈才去拿了橙汁。

等莉莉喝完,转身去玩时,却被妈妈一把拉住说:"还没完呢!"

莉莉瞪着大眼睛说:"完了,喝完了!"

妈妈说:"你还没有说声谢谢呢!"

"哦,还要说声谢谢?"

"当然啦,别人帮你做了事,你怎么可以不说声谢谢呢?"

这位母亲就是这样一点一滴训练女儿学会使用礼貌语言的。

礼貌教育不仅是一般意义上的教育,更是一种未来、一种人格的教育。孩提时期是行为习惯形成的重要时期,父母应抓住这一有利时机,及早把孩子培养成讲文明、懂礼貌、有教养的好孩子。

礼貌用语的具体内容有:对父母、老师和其他年长者要称呼"您";请求别人帮助时,要用商量的口吻说"请""劳驾";当得到别人的帮助时,要说"谢谢";当别人感谢时,要说"别客气";当妨碍了别人或给别人带来麻烦时,要说"对不起""麻烦您了""请原谅";当别人赔礼道歉时,要回答"没关系"或"不要紧";在街头巷尾碰到长者,要说"您好",而不能低头侧身装没看见;与别人分别时要说"再见"。

教孩子礼貌待客之道

生活中,有些父母为了不让孩子打扰来访的客人,一般都会把孩子打发到一边,让他们自己去玩儿。这样做也许能够获得一时的安静,但是却可能会影响到孩子的社交能力。而这一不经意的举动,也伤害了孩子幼小的自尊心。久而久之,家里一来客人,他就会自动躲到旁边去。所以,父母要试着让孩子学会以主人身份招待客人,注重礼貌待客。

好父母
给孩子最好的教育

小丽是个可爱的小女孩,妈妈从小就教她礼貌待人。有一次,妈妈的同事来家里做客,刚一进门,小丽就和妈妈一起迎接,并有礼貌地说:"阿姨好!请坐。"阿姨打开皮包,取出一个玩具熊对小丽说:"送给你,喜欢吗?"小丽双手接过来,高兴地回答:"喜欢。小熊真可爱!谢谢阿姨!"然后懂事地抱着小熊到一边去玩儿,不打搅大人说话。待客人要走时,小丽和妈妈热情相送,并说:"阿姨再见!欢迎您再来。"事后,妈妈的同事逢人便夸小丽是个懂礼貌的好孩子。

每个家庭都会有客人来,父母要给孩子讲解待客的规矩,使孩子懂得一定的行为规范,比如亲友来访时,听到敲门声要说"请进";见了亲友按称谓主动亲切问好,然后帮客人拿拖鞋、倒水、让座,如果大人之间有事要谈,孩子就要主动回避,不能在一旁插话,缠着父母;有小客人来,应主动拿出玩具给小客人玩儿;进餐时,客人未完全入席时不得动餐具自己先吃;客人告辞时要说"再见",并欢迎客人再来。

当客人来时,让孩子直接参与接待,可以让孩子参与一些力所能及的待客活动,通过直接参与,不仅能满足孩子想要与客人接触的心理,还能使孩子待客的动作和技巧得到练习并逐步养成良好的行为习惯。

家长要以身作则

父母的言行举止是孩子学习社交礼仪的最好榜样,父母的一言一行都会对孩子产生深刻影响,因此父母时时处处都要严格要求自己,用自己良好的行为习惯,为孩子树立正确榜样。

娜娜是个有礼貌的小女孩,"您好""谢谢""请""对不起"等礼貌用语总是挂在嘴边。邻居都夸她是个好孩子,在学校她还获得了"文明礼貌小标兵"的荣誉称号。娜娜之所以如此懂礼貌,跟妈妈的教育是分不开的。妈妈是商场的售货员,自身的素质比较高,所以从小对娜娜文明礼貌方面的要求也十分严格。在妈妈的影响下，娜娜才成了一个人见人夸的讲礼貌的小姑娘。

会使用礼貌用语，代表着有良好的教养。孩子有没有礼貌不是天生的，是后天培养出来的，而且孩子天生就喜欢模仿别人，所以父母要注意自己的言行举止，注意讲礼貌，给孩子树立一个好的榜样。

成由勤俭败由奢——勤俭节约，从孩子做起

勤俭节约是中华民族千百年来的传统美德。纵观古今，凡是通过艰苦奋斗取得突出成就的人，都拥有节俭这种崇高美德。勤俭的人能够更好地致富，节约的人能够更好地守财，一个人只有具备了致富与守财的能力，才能让自己永远不为财富发愁。因此，父母要从小就培养孩子勤俭节约的好习惯。

在2006年《蒙代尔》中国500富豪榜上，我国台湾共有7人上榜，台塑集团创始人王永庆排在第二，他的个人资产多达430亿人民币，但他却是个极其节俭的人。

王永庆的生活非常俭朴，他的一条旧毛巾，一直使用了30年仍舍不得扔掉。因为用的时间太久了，这条毛巾缺边少沿的，他的太太十分心疼他，拿了一条新毛巾想给他换一换，但王永庆却说："既然能凑合着用，这不是小气，是一种精神，是一种警觉，一种良好的习惯。"他对穿着的要求是大方整洁，从不计较衣服的新旧及款式。在吃的方面，王永庆很少在外面宴请客户。一般都是在台塑大楼顶楼的招待所内宴客。他在台塑顶楼开辟了一个菜园，母亲去世前，他吃的都是自己种的菜。每天早上的公司会议，王永庆会享用并不丰富的早

餐：牛奶、咖啡和鸡蛋。员工们都要学他，在喝咖啡加伴侣时，每次都要将伴侣的沫掏空才肯罢休，否则王永庆将很不高兴。每当去台塑的宾馆视察时，王永庆必然会到水池间走一趟。看看里面有没有没用完就丢到垃圾桶的小肥皂。如果发现，他一定会叫人回收。

王永庆的朋友见他和他的公司都如此节俭，便禁不住地劝他："以你现在的财富，生活不愁，何必还那么委屈自己呢？"王永庆解释道："我们累积心血经验，好不容易建立了一个基础，有了基础才能有一点点成就。有了一些钱也许应该享受一下，可是事业虽然是个人创造的，和社会的关系却是很密切的，个人的观念错误了，影响整个社会的发展，就不再是个人的事了。"他还说，"即使先进国家的经营者，企业有了基础，也是一再扩展，没有听说赶快安排自己享受的，这究竟是什么原因呢？当然原因很多，主要因素是经营管理还没有达到合理化。企业是社会的，不是个人的，如果能了解这一点，就不允许为了自己的享受而阻碍企业的发展了。"

王永庆认为，不论他的事业有多大的发展，都没有奢靡生活的本钱。他处处以身作则，决不花不应该和不必要花的钱，并把这种勤俭朴素的作风贯彻到整个台塑集团。王永庆常说，节省一元钱等于净赚一元钱。他的"赚一块钱与存一块钱"理论，至今仍被商界奉为圭臬。

一个人会赚钱，更要学会花钱和省钱。王永庆虽然拥有很多财富，但依旧保持节俭的作风，他的金钱观是朴素无华的。

节俭作为一种生活方式，体现了一个人的生活态度、理想信念、价值观念、作风和形象。节俭不是吝啬，而是美德，有助于一个人修身养性、陶冶情操，也是一个人事业有成和发展的重要因素。

我国有句老话：成由勤俭败由奢。随着人们生活水平的提高，一些孩子生来无忧无虑，他们消费观念较强，花起钱来大手大脚，生活上追求享受，物质上随便浪费，毫无节俭意识，这不由得让人担心。这些孩子不知道父母每天在忙些什么，不知道自己吃的穿的用的东西是哪里来的，反而觉得自己吃好穿好用好是天经地义的。有些孩子大手大脚花钱、奢侈浪费的情况已达到非常严重的程度，如果不好好教育引导，就难以成人，更难于成才。

孩子不懂得节俭，不能全怪孩子，责任在家长身上。很多家长出于疼爱孩子，迁就孩子花钱自不必说，就连家长自身也往往产生了非合理性消费的心理——攀比、从众、追时髦、喜新厌旧，等等。此外有些人对节俭与奢侈存在一些误解，以为节俭是贫穷的产物，就以奢为荣，以俭为耻，凡事爱讲排场，其实他们并未真正理解节俭的意义。节是节约、节制而有度，俭是爱惜、不浪费财物，这种理性的生活态度，是无论古今、穷富都值得大力提倡的。

> 在美国，一对年轻的父母经常带着自己刚上学的女儿去逛街。一天，在一个繁华的街市交叉口，一位老爷爷正在卖报纸。这时，父亲从口袋里掏出5美元交给女儿，让她去买10份报纸。女儿买回报纸，父母跟她商量，按原价把报纸再卖出去，看看是否可以很快卖完。女儿在父母的支持与帮助下，费了不少时间才把10份报纸卖出去。然后，父母让女儿去问卖报的老爷爷，一份报纸能赚多少钱。她从老爷爷那里得知，卖一份报纸只赚几美分。她算了一笔账，花了这么长时间才能挣几十美分，而且费了很多口舌。"爸爸妈妈，我以后可不能随便花钱了，挣钱太不容易了。"父母为女儿有这样的想法而感到高兴。后来，这个女孩变成了一个懂得节俭的孩子。

培养孩子的节俭习惯，是家庭教育中不容忽视的一个重要课题。古人云：勤能补拙，俭以养廉。只要能够勤劳，即使是天赋差一些，也会把工作学习搞好，会在事业上做出成绩。只要能够节俭，不贪图物质享受，不追求奢华生活，保持廉洁的美德，在事业上就会不断追求进取、有所成就。因此，家长要培养孩子养成勤俭节约的生活习惯，这种习惯会让孩子受益终身。

帮孩子树立节俭的意识

在教育中，父母要赞赏孩子节俭的行为，批评奢侈浪费的现象。让孩子树立"节约光荣、浪费可耻"的观念，让节俭的思想观念在孩子身上生根发芽，使节俭成为孩子的自觉行动。

有一位妈妈说："我女儿在两岁时，有一天她吃包子，先吃了包子馅，然后趁大人不注意，把她不愿意吃的包子皮扔在垃圾桶里。我发现后很生气，第一次狠狠地打了女儿一顿。打完后，我一边流泪，一边告诉孩子，不爱惜粮食是多么令人痛心，浪费其实也是一种犯罪，做人要养成节俭的好习惯。尽管当时孩子并不完全理解我的心情，也不很明白浪费的严重后果，但是她从自己的所作所为引起我的强烈不满和十分痛苦的表情中，感觉到自己的行为是不对的。在她幼小的心灵中留下了'不能浪费'的深刻印象。"

勤俭节约是中华民族的传统美德，家长应该从小就教孩子学会节俭。让孩子从内心树立起勤俭节约的意识，这对他们的成长和今后的发展大有裨益。

帮助孩子学会有计划地消费

现在的一些孩子有这样的毛病：父母给多少钱就花多少，花完了再跟父母要，花钱没有节制。

李刚是小学五年级的学生，父母都在做生意，家里经济条件比较好，所以对李刚要零花钱都十分大方，只要李刚需要，就不问原因，要多少给多少。这样，李刚逐渐就养成了大手大脚花钱的毛病，学会了铺张浪费，不但吃要最好的，穿要名牌，同时还养成了请人吃饭的习惯。

有一次，李刚过生日，说要请班里的同学吃饭，开口就向父母要500元钱。此时，李刚的父母才感觉到孩子太过于奢侈了，因为他们平常与朋友礼尚往来请客吃饭也不过这个数目，因此拒绝了孩子的要求。

可是，李刚已经习惯了大把地花钱，请同学们吃饭的话已经说了出去，认为不那样做面子上过不去。于是趁父母不注意，李刚偷着打开妈妈的钱包拿走了500元钱。李刚的父母知道后，为以前对李刚花钱没有控制而后悔莫及。

显然，故事中李刚的父母在教育孩子使用零花钱方面是失败的。那么如何指导孩子合理使用零花钱呢？首先，家长给孩子零花钱要有计划，要限制数额，不能有求必应，应根据孩子年龄大小、实际用途和支配能力，定时定量给予。其次，家长要问清每次消费钱都花在哪里了，如果最近阶段钱的去处无法说明，家长应暂停发放零花钱，要弄清楚钱的去处。

为孩子树立勤俭的榜样

孩子的言行受父母影响很大。生活在什么样的家庭孩子就会养成什么样的生活习惯，如果父母生活节俭，不浪费，孩子自然就能学会勤俭节约。所以，父母应该在生活中树立勤俭的榜样，在日常生活中，从一粥一饭、点点滴滴中做起，注意言传身教。

于淼过12岁生日时，妈妈给了她200元钱作为生日礼物。当天，于淼就拿着钱出去了，转了一天回到家后，她告诉妈妈说把钱花完了。

妈妈听后大吃一惊，问她钱都花在哪里了。于淼得意地从脖子上取下一串项链，告诉妈妈这是她用200元钱买的珍珠项链。

妈妈拿到手里仔细一看，项链竟然是用塑料做成的。她很生气，大声斥责孩子不应如此大手大脚花钱，更不该用200元钱买了条假珍珠项链。

没想到于淼听后反驳妈妈说："我过生日花200元钱买了条假项

链，您上次过生日还花1000元钱买了块假玉呢！还说我大手大脚花钱，您比我更厉害，您没有资格指责我。"妈妈顿时哑口无言。

爱模仿是孩子的特点，他们的许多行为都是在模仿父母。父母作为孩子的第一位老师自身要勤俭节约，为孩子示范非常重要，因而应从每件小事做起，如随手关灯节约用电等，去感染教育孩子，使孩子真正养成勤俭节约的良好行为习惯。

做事有条理——告诉孩子计划的重要性

中国有句古话："凡事预则立，不预则废"。预者，计划也。古语一针见血地指出了计划的重要性，凡事只有做好了计划才能取得满意的效果，否则就可能导致失败。

计划，是人们在工作或付诸行动之前预先拟定的具体内容和步骤，也是未来的行动方案，计划就是行动指南。有一项调查显示，在现实生活中，只有不到3%的成年人会一本正经地写出他们的计划，并在每天工作开始之前先看自己的计划，确定当天应做什么；还有一部分人甚至从小时候就开始计划起他们的人生了，在他们看来，要想获得成功似乎非常容易，只需要按部就班地实施计划就行了，他们所获得的成就足够令人们惊异，他们是当之无愧的最杰出的人。

美国成功学家马尔藤在教授别人成功之道期间，有一位公司的经理去拜访他，看到他干净整洁的办公室感到很惊讶。

经理问马尔藤说："马尔藤先生，你没处理的信件放在哪儿呢？"

马尔藤说："我所有的信件都处理完了。"

"那今天没干的事情又推给谁了呢？"经理紧追着问。

"我所有的事情都处理完了。"马尔藤微笑着回答。

看到这位经理困惑的神态，马尔藤解释说："原因很简单，我知道我所需要处理的事情很多，但我的精力有限，一次只能处理一件事情，于是我就按照所要处理的事情的重要性，列一个顺序表，然后就一件一件处理。结果，完了。"说到这儿，马尔藤双手一摊，耸一耸肩膀。

"噢，我明白了，谢谢你，马尔藤先生。"几周以后，这位公司经理邀请马尔藤参观其宽大的办公室，他兴奋地对马尔藤说："感谢你教给了我思考和工作的方法。过去，在我这宽大的办公室里，我要处理的文件、信件等，都是堆积如小山一样，一张桌子不够，就用三张桌子。自从用了你说的法子以后，情况好多了，瞧，再也没有未处理完的事情了。"

这位经理就这样找到了处理事务的技巧，几年以后，他成为美国社会成功人士中的佼佼者。

可见，做事必须有计划。没有计划、没有条理的人，无论做什么都不可能取得成绩。

计划是原地通往目的地的灯塔和桥梁。一个科学而周密的计划，往往能减少人们通往目的地的阻力和波折。按计划行事可以让人们明确目标，鼓舞斗志，而明确的目标和高昂的斗志又为计划的顺利执行提供了重要保证，两者相辅相成，互相促进。

法国著名文学家雨果说："有些人每天早上预定好一天的工作，然后照此实行。他们是有效利用时间的人。而那些平时毫无计划，靠遇事现打主意过日子的人，只有混乱二字。学习也是一样，有计划的人，不仅学习有条理、有顺序，而且有目标、有方向。这样当然效果会比没计划随意学要好得多。"做事有计划对于一个人来说，不仅是一种做事的习惯，更重要的是反映了他的做事态度，是能否取得成就的重要因素。对于孩子来说，做事有计划同样是非常重要的。它可以帮助孩子有条不紊地处理事情，并且不会手忙脚乱。

放学了，刘洋背着书包回到了家。爸爸妈妈还未下班，他想起有很多作业没做，于是独自一人把作业都拿了出来。先写哪一门呢？他翻翻语文，看看数学，再瞧瞧英语，过了好一会儿终于决定要先做数学，但是刚开始不久，就碰到了一道难题，他想了一会儿，觉得毫无头绪，于是又打开了语文作业。没过一会儿，爸爸妈妈下班了，看见刘洋一个人在写作业，非常高兴，夸了他两句便下厨房做饭去了。作业毕竟是枯燥乏味的，没过一会儿，刘洋突然想起了放动画片的时间到了，昨天的剧情不知道发展到哪儿了，满心想把作业写完了再去看电视，但是书上的字仿佛一个个都变得不认识了似的，眼前仿佛晃过动画片的情节。再也忍受不了这种折磨啦，刘洋坐到了电视机前。

吃过晚饭，刘洋又自觉地坐到书桌前，突然想起前些天看过一个手工制作飞机模型的方案，很有意思，于是翻出了那本书，津津有味地看起来。时间不知不觉地过去了，爸爸妈妈过来催促刘洋早点写完作业好好休息。刘洋看了看摊在桌上的只做了一半的作业，叹了一口气："唉，时间怎么就不够写作业的？"

后来，在妈妈的帮助下，刘洋制订了一份合理可行的学习计划，从此以后，刘洋的这些烦恼统统解决了。不仅生活变得有条理起来，刘洋的成绩也显著提高了。

是刘洋不用功吗？是刘洋不自觉学习吗？是刘洋笨吗？其实都不是。问题在于刘洋没有很好地规划时间，做事情不够专心，所以效率低下。因此重要的是应该制订一份周密可行的学习计划并严格按照计划去执行。

孩子做任何事情都应该有计划，只有这样事情才能够有条不紊地进行下去。而做事有计划是一种习惯，父母在孩子的成长教育过程中要有意识地帮助孩子养成这种习惯，这是一件对于孩子的一生都非常有意义的事情。

做事有计划不仅是一种做事的能力，更是一个人性格的一部分。苏联著名作家高尔基说："不知明天该做什么的人是不幸的。"提高计划观念和计划能力，能使孩子成为有条理地安排学习、生活、工作的人。这种计划观念和计划能力，每个孩子都应该学习和具备，这对一生都有好处。

让孩子做事有计划是每一位家长的良好愿望，然而真正付诸行动却没那么简单。因为即使是大人也很难做到有计划地去做每一件事，更别说自制力相对来说还比较差的孩子。所以说，培养孩子做事有计划的习惯，既是培养孩子，同时也是在锻炼家长。家长应对孩子从小用心进行培养。

指导孩子做计划

在生活中，有很多孩子做事没有计划，想起什么做什么，往往是做了这件事忘了那件事，到头来什么事情也做不好。孩子做事没条理没计划，说明孩子的逻辑思维能力不强，处理问题缺乏系统性。所以，父母要教会孩子做事之前做好计划。

玲玲刚上小学一年级，最近，妈妈发现玲玲有些不对头，常常是想起什么做什么，做不到三分钟，又想做别的事情。结果所有事情都是乱七八糟的，没有一件事情能做好。

于是，每天晚上睡觉之前，妈妈都会来到玲玲房间，问她明天准备做些什么。开始玲玲摇头，"等明天再说吧。"她总是这样说。后来妈妈跟玲玲说："明天再说可不行，如果你明天想吃冰激凌，妈妈买不到怎么办？你把想做的事情都提前计划好了，明天按照计划去做。"妈妈这么一说，玲玲开始认真地想，但总是想起这个忘了那个，不够全面。妈妈说："这样吧，今天妈妈先帮你计划一下，明天晚上你再照着妈妈的计划方式想后天的。"玲玲也觉得这样比较好，就答应了。接着，妈妈帮助玲玲制订了第二天的计划：早晨6点起床，10分钟穿衣服，收拾卧具，10分钟刷牙洗脸，20分钟吃早餐……妈妈说着，玲玲听着，小脑袋一个劲儿地点。

第二天，在妈妈的监督下，玲玲按照计划做了一天的事情。晚上睡觉的时候，妈妈问她："玲玲，这样有计划地做事是不是很好？"玲玲由衷地点头。妈妈就说："那好，现在你就把明天要做的事情想好，然后告诉妈妈。"玲玲想了一会儿，把第二天想要做的几件事罗列出来，然后把每天需要做的事情加在一起，就形成了一张计划表。

后来，玲玲渐渐养成晚上睡觉之前，把第二天要做的事情想一遍的习惯，第二天再做起事来就非常有条理。她已经不用妈妈提醒了。

对于孩子来说，做事情缺乏条理、没有计划是儿童时期的一种自然反应，但如果此时家长不注意引导，孩子往往会养成不良的个性，从而给一生带来麻烦。所以，家长要重视孩子这方面的培养。

让孩子严格执行计划

计划一旦制订后，必须让孩子按计划办事，不能随意更改，也不能半途而废。有些家长只注意给孩子订计划，却没有督促孩子执行和坚持。比如，本来定好孩子6点起床，看到他还睡得很香甜，就延长半个小时，由家长把孩子起床后应该做的事情代办了；定好做作业时不能看电视，结果孩子没有做到，家长也没有及时批评或阻止，等等。这样孩子会认为计划是可以随时更改的，可以不按照计划行事甚至不用订计划。

吴涛是一名小学三年级的学生。每周日，爸爸都会监督并帮助他制订出一周的计划。可是，计划制订出来之后，吴涛总是由于种种原因不能落实。这让爸爸很郁闷。

爸爸决心帮吴涛改掉这个坏习惯。这天晚上，爸爸和吴涛进行了一次深刻的谈话，爸爸告诉他制订计划的目的就是为了落实计划，计划制订了没有落实，等于没有制订。如果这样的问题出现在工作上，是非常严重的失误。同时，爸爸还要求吴涛把计划进一步细化、量化，分解到每一天、每一个小时。在计划的时间内完成最好，如果不能完成，要有惩罚措施；如果提前完成，剩下的时间就可以自由支配，而且还有奖励。每天晚上，爸爸都要抽出时间对吴涛的计划落实情况进行检查。如果计划全部落实，就加以表扬，零用钱如数发放；如果有计划没有落实，就扣发一天零用钱。

爸爸说到做到，每天吴涛一放学，爸爸就拿出一天的计划表，逐项进行检查。没有落实的，除了扣零用钱之外，还责令在不影响当天计划落实的情况下把前一天未完成的补上。这样就要求吴涛做事情要努力一次就做好，不能应付了事。

经过一个多月的监督，吴涛不能落实计划的坏毛病改掉了。以前，他做作业要做到夜里12点多，严格落实计划之后，不到10点就做完了，而且做得又快又好。通过严格落实计划，吴涛也增强了时间观念、任务感和责任感。吴涛对于时间的安排越来越科学，学习和做事的效率明显提高。

制订了计划不去执行，等于没有计划，甚至比没有计划更糟糕。因为这样很可能让孩子养成一种不好的习惯，缺乏执行计划的行动力。

在日常生活中，父母要向孩子强调计划的重要性，并给孩子的各项行为制订一些计划。计划制订后就不要轻易改变，关键是落实。父母应要求孩子严格按照计划执行，并且长期坚持下去，要尽量讲清楚为什么这样做的道理，使孩子愿意遵守规范，乐于执行有关要求。长此以往，不仅能培养良好的做事习惯，还能培养孩子做事坚持到底的意志。

惜时如金，让孩子懂得珍惜时间

世界上有一个奇怪的银行，给每人都开了一个账户，每天都往这个账户上存入同样数目的财富，如果当天用不完，余额不能记账，也不得转让。如果不用，第二天就自动作废。这笔财富就是时间。

时间是最公平的，不论贫富贵贱，每个人每天所拥有的时间都是一样多的；时间又是最不公平的，每个人每天取得的成就绝不会一样多。那是因为每个人在时间观念上的认识不同所致。

时间是人人都拥有的财富，但并不是所有的人都能理解它的价值。时间对任何人、任何事都是毫不留情的，是专制的。时间可以毫无顾忌地被浪费，也可以被有效地利用。有的人把时间视为生命的一切，有的人仅将其当作用餐和睡眠的刻度。放弃时间的人，时间也会放弃他。

德国著名的文学家歌德一生勤奋写作，作品极为丰富，有剧本、诗歌、小说，有游记，一生留下的作品共有140多部，其中世界文学瑰宝——诗剧《浮士德》，长达12111行。歌德为什么能取得如此惊人的成就？原因之一就在于他一生非常珍惜时间，把时间看作是自己的最大财富。他在一首诗中这样写道："我的产业多么美，多么广，多么宽！时间是我的财产，我的田地是时间。"歌德是这样说的，也是这样做的。他一生中把一个小时当60分钟用，视时间为生命，从不浪费一分一秒，直到1832年2月20日，这位将近84岁的老人在临死前还伏在桌上专心致志地写作。

一个人的生命是有限的，如何珍惜时间、有效地利用人的短暂的一生，去成就更辉煌的事业，这是有志之士认真思考对待的人生课题。

时间的价值正如金钱的价值，体现在人们的价值观上。每个人对待时间的观念不同，价值也就不同。如果人们珍惜时间，它就是一块金子；如果人们不珍惜，它便是一块废铁。

时间管理对于每个人来说都是非常重要的，无论是对于大人，还是对于孩子，无疑都是至关重要的。教孩子如何珍惜时间、有效地利用人的短暂的一生，去成就辉煌的学业和事业，这是每一位家长应该认真思考的人生课题。

刘丽雅是个小学五年级的学生，她的学习成绩并不出色。妈妈认为她学习不好的原因，就是干什么事都拖延，把时间全浪费了。她总是该急的时候不急,比如,起床不紧不慢,写作业半小时能完成的,她也能磨蹭两个小时。妈妈为此屡次批评过她,要她珍惜时间,抓紧时间学习,但刘丽雅总是"左耳进,右耳出",任凭妈妈磨破了嘴皮子,她就是我行我素,把大量的时间花在无关紧要的事情上。她的妈妈为此非常烦恼。

许多父母都有着与这位母亲同样的苦恼:抱怨孩子松松散散、拖拖拉拉,"一点时间观念都没有"。事实上,在生活中我们也常常看到这样的情况:有的孩子作业不能按时完成;考试不能按时交卷;上课总是迟到;一天到晚匆匆忙忙却徒劳无功,放学的路上边走边玩儿,几分钟的路程可以走上一个小时等,这都属于孩子缺乏时间观念的表现。孩子成了时间的奴隶,而不是时间的主人。这不但不利于孩子良好学习、生活习惯的形成,而且对孩子的身体和智力发展都存在较为严重的不良影响。因此,父母要教孩子如何珍惜时间、有效地利用时间,养成良好的习惯,这会使他们终身受益。

为孩子做出守时的榜样

在家庭中,父母是孩子模仿的对象。如果父母能做到有规律地生活,做事情有时间观念、守时,并且在生活中给孩子讲述守时的重要性,就会潜移默化地影响孩子。比如,说好6时起床绝不赖床到7时;说好5时去接他回家,就不要让他等到5时半。同时,办事要麻利,不要拖拖拉拉。不仅如此,还要在工作、生活、言行等方面都尽量做遵守时间的榜样。平时,若答应孩子干什么或到什么地方,都要准时做到,决不拖延或改换时间。即使有特殊情况导致不遵守时间的现象,一定要向孩子道歉并说明原因,使孩子知道父母不是有意的。通过长期的教育和榜样的影响,孩子遵守时间的行为习惯不仅能得到发展和巩固,而且也使孩子初步懂得遵守时间的重要性。

制订作息时间表

孩子没有养成良好的作息习惯,就不会具备合理把握时间的能力。时间资源利用得好，对孩子的生活和学习就会产生很大的帮助。孩子的随意心理比较严重，但是父母要让孩子养成有规律的作息习惯，这是让孩子树立时间观念的最好途径。

  小媛是一个时间观念不强的孩子，做事非常慢。由于这个不好的习惯，她上学经常迟到，早晨在家被父母训斥，到学校后被老师批评。而且，根据老师的反映，她上课写字特别慢，眼睛看着课本，就是不写，要么摆弄铅笔，要么摆弄橡皮，10分钟过去了，她还一个字没写。
  为了帮助女儿改掉拖延的坏习惯，妈妈和小媛一起制订了一张作息时间表，上面列举了一天的时间安排，如6：30起床，6：45洗漱，7：00吃早点，7：30上学……21：00睡觉，内容很细致。同时还订立了一个互相监督计划，小媛监督妈妈，妈妈监督小媛，爸爸做裁判。这样做了一段时间以后，小媛做事速度明显加快。现在她还学会了根据时间和情况的紧急程度来调节做事速度，基本上有了初步合理把握时间的能力，迟到、写不完作业的现象几乎绝迹。

为了提高孩子的时间观念，父母可以和孩子一起制订一个作息时间表，让孩子感觉到时间的流逝以及时间与自己某些活动的联系，最好是具体到细节，比如什么时间起床，洗漱需要多长时间，吃饭需要多长时间，放学后做作业和看电视多长时间，几点休息等，都要严格制订，这样会对孩子起到约束和监管的作用。对时间管理越严越细，效率越高。

通过讲故事引导孩子珍惜时间

孩子往往对故事书很着迷，父母可以找一些有关名人守时的儿童读物，让他自己看，或者亲自给他讲一讲；有时也可以讲一些因为不遵守时间而造成重大损失的故事。

  齐白石是我国著名的书画家。他非常珍惜时间，从不浪费时间，他一直用一句警句来勉励自己，就是"不教一日闲过"。怎样才是在一天中没有闲过呢？他对自己提出了一个标准，就是每天要挥笔作画，一天至少要画五幅画。他一直坚持这么做。

有一次，齐白石的家人和朋友、学生来给他过90岁生日，在喜庆的气氛中，他一直忙到很晚才把最后一批客人送走。这时他想，今天五幅画还没有完成呢，应该画完再睡觉，于是他拿起笔作画，由于过度疲劳，难以集中精力，在家人的一再劝阻下，他才去休息。第二天，齐白石早早地起床了，家人怕他累坏身体，都劝他再多休息会儿，可齐白石却十分认真地说："昨天客人多，我没有作画，今天可要补上昨天的'闲过'呀！"说完他又认真地作画了。

生动的故事能让孩子从中受到教育。在生活中，父母可以通过讲故事的方式，使孩子逐步认识到珍惜时间的重要性，逐步树立时间观念，增强时间意识，从而在学习和生活中养成珍惜时间的习惯。

天道酬勤，勤奋的孩子才会有未来

有人问寺院里的一位大师："为什么念佛要敲木鱼？"

大师说："名为敲鱼，实则敲人。"

"为什么不敲鸡呀，羊呀，偏偏敲鱼呢？"

大师笑着说："鱼儿是世间最勤快的动物，整日睁着眼，四处游动。这么至勤的鱼儿尚且要时时敲打，何况懒惰的人呢？"

故事虽然浅显，道理却至为深刻。

勤奋是一所人生必读的学校，所有想有所成就的人都必须进入其中，在那里可以学到有用的知识、独立的精神和坚忍不拔的意志。事实上，勤奋本身就是财富，假如你是一个勤劳、肯干而又刻苦的人，就能像蜜蜂一样，采的花越多，酿的蜜也就越多，你享受到的甜美也越多。

天道酬勤，没有人能只依靠天分成功。上帝给予了天分，勤奋将天分变为天才。许多有成就的人在总结自己成功经验的时候总是不忘强调勤奋的作用，勤奋与智慧就像一对双胞胎，它们总是如影随形。高尔基说过："天才就是勤奋。人的天赋就像火花，它既可以熄灭，也可以燃烧，而迫使它熊熊燃烧的办法只有一个，那就是勤奋。"爱迪生也说过："天才就是一分灵感加上九十九分汗水。" 这些名言都在反复告诉我们这样一个永恒的真理：一个人能否取得成功，不是看他有多高的天赋，而关键在于他是否勤奋。

1997年春，微软刚刚成立不久，随着业务发展的需要，公司要招聘一名秘书。当时，42岁的米丽亚姆前来应聘。她见到比尔·盖茨是在她上班一个星期之后，当时，她几乎不敢相信自己的眼睛，微软的创始人竟然如此年轻。米丽亚姆意识到自己是在为一家独一无二的公司工作。

微软的确与众不同，米丽亚姆发现她的老板工作极为努力、勤奋，每星期工作七天，几乎从不休息。有时一连几天都不离开办公室。当她早晨来上班时，常常发现他睡在办公室的地板上。

而且，最重要的是，在比尔·盖茨的感染下，公司里的每一位员工也都非常勤奋。到了晚上八九点钟，很多企业都已经下班了，而微软办公室的人却最多，也最繁忙。销售人员白天拜访客户，晚上要回来赶写工作报告，还有一些部门开会、总结等，也都在办公室里进行。

渐渐地，微软的工作氛围感染了米丽亚姆，她也更加勤奋地工作。米丽亚姆把公司的绝大部分管理工作都包下来了。

戴夫·穆尔描述了微软典型的一天，他说："在微软情形是这样的，早上醒来，去上班，干活，觉得饿了，下去吃点早餐，接着干，干到觉得饿了,吃点午餐,一直工作,直到累得不行了,然后开车回家睡觉。"

微软公司无疑是新经济的翘楚,但微软人始终将勤奋作为工作的第一法则。正是比尔·盖茨这种勤奋的工作精神,才使微软公司上下齐心协力,创造了辉煌的微软帝国。

可见,勤奋足以使人们成就事业,它是所有成就伟大事业者的共同品质。世界上没有任何东西可以比得上、可以代替勤奋,教育不能替代,多财的父母、优势的亲戚以及其他的一切,也都不能代替。人唯有勤奋才能做出非凡事业来,也唯有勤奋才能成全人生和事业。

懒字当头万事难,勤字当头万事易。勤奋是一个人走向成功的坚实的基础。对孩子来说,勤奋也是成才的金钥匙,是成才的第一推动力。具备了勤奋这种可贵的品质,孩子就会自强不息,顽强奋斗,就等于成功了一半。所以,父母一定要从小开始培养孩子勤奋的美德。勤奋地做人,勤奋地做事,勤奋地学习和积累——唯有勤奋的人才会为了理想甘心付出汗水。

通过故事教育孩子

孩子都喜欢听故事,实践证明,用讲故事来进行教育是孩子最乐于接受的形式。为了培养孩子的勤奋精神,父母可以通过讲解下面这个小故事来指导孩子。

古代希腊著名的演说家德摩斯蒂尼原先患有严重的口吃,而且呼吸非常困难,声音微弱。在他生活的那个年代,希腊非常崇尚雄辩术,他也立志要当一名雄辩家。当他说出想法时,立即遭到众人的嘲笑。他毫不理会,为了使声音变得更加强而有力,他时常站在海岸上,口含着小石头喊叫,并且为了增加肺活量,一边演说一边登上小山头,他还站在镜子前面表演各种姿态,练习向观众招手致意,背诵古希腊悲剧。即使是这样,他也仍不满足,索性把自己关在地下室,将头发剃掉,除了吃饭和睡眠的短暂时间外,所有的时间都用来钻研雄辩术。这样,他把修昔底德写的几卷《伯罗奔尼撒战争史》全部抄了8遍。在他28岁时,他从地下室出来,参加了雅典的辩论大会,取得了完全的胜利。在此后的2000余年中,他作为雄辩之父一直受到人们的景仰。

故事是孩子最好的学习教材,父母经常给孩子讲解一些名人成长故事,可以激发孩子的勤奋精神。当讲完故事后,父母可以先问问孩子的感想,然后告诉他道理:"勤奋是做人的根本""聪明在于勤奋""天才在于积累"等等。

培养孩子勤奋学习的品质

刘丽是一个勤奋的女孩,她最看不起那些总想不劳而获的人。在她小时候父母就用"头悬梁,锥刺股"的故事来教育她要勤奋学习。

从上小学开始,她每天早晨6点半起床,在房间里早读半小时,7点钟吃完早饭去上学,11点半放学回家,中午午睡1小时,晚上6点半就去上晚自习,一般都自习到10点才上床睡觉。她的饮食起居都很有规律,而且她始终保持着这样的规律。由于在教室里上自习,一方面有老师的辅导,另一方面大家在一块儿,学习气氛浓,所以,刘丽每天晚上都坚持去学校上晚自习,即使有时候身体不舒服,她还是坚持去。

有一次,刘丽患了重感冒,不停地流鼻涕,晚上她还是坚持去上晚自习。鉴于她身体的情况,父母不同意她去,但是她一副很洒脱的样子,说自己的感冒已经好多了,所以一定要去学校。上完晚自习回来,上床休息之前,她还一再嘱咐妈妈第二天早晨6点半如果她还没有起床的话,务必叫她起床,因为自己还没有背书。这些小事情虽然琐碎,但是就是这样的小事才能真正体现出刘丽刻苦勤奋的优良品质。

刘丽后来成功地考入了北京一所著名的大学,当别人问她成功的秘诀时,她说:"成功的取得在很大程度上取决于在实现理想的过程中,谁付出的勤奋和汗水更多一些,谁的毅力更强一些,谁坚持得更久一些。"

勤奋是孩子的优良品质,它对于促进孩子的学习有重要作用。孩子只有从小养成勤奋学习的习惯,才会拥有一个光明灿烂的未来。勤奋不仅包括了学习时的态度,也包括学习专业知识时注重的深度和广度,还包括广泛涉猎教科书以外的知识。孩子掌握知识的多与少,完全取决于他的勤奋程度。所以,家长应从小教育孩子拥有勤奋好学的优良品质。

通过劳动促使孩子勤奋

勤奋不仅表现在学习上,同样也体现在孩子的生活中。父母应该鼓励孩子多参加劳动,在劳动中培养和锻炼孩子勤奋认真的好品质。

苏娜是小学三年级的学生,她从小没有做过家务活。在学校里经常逃避大扫除等集体劳动,引起了同学的不满。老师把这个问题反映给了她的父母,父母意识到自己没有给孩子提供劳动实践的机会。于是决定改变孩子这种不爱劳动的习惯。

暑假到了,父母带苏娜去野营。但是,父母在野营中不再像以往那样对苏娜呵护备至,而是鼓励她多动手、多尝试。平日不爱劳动的苏娜,在这次野营活动中吃尽了苦头。但她也在劳动中意识到自己的不足,认识到自己的生活自理能力和劳动能力太弱了。

回家后,苏娜经常主动帮助父母做家务。经过一段时间的劳动实践,苏娜对劳动已经不再逃避了,反而喜欢并积极参加劳动。

热爱劳动是人最重要的品性之一。美国现任总统奥巴马说:流汗的教育才是真正的教育。从小培养孩子热爱劳动的习惯对孩子的健康成长是非常重要的,有助于孩子良好性格的形成。因此,父母要有从小就通过劳动来培养孩子勤奋的好习惯。

不做马虎大王，纠正孩子粗心的不良习惯

粗心是一种很常见的现象，在孩子中是较普遍的，对孩子的影响也是较大的。如果孩子从小在生活中丢三落四，在学习上错误百出，就会影响良好习惯的养成，以致将来会影响到事业的成功。纵观成人中的粗心者，多是从小养成的坏习惯。

小海做事粗心、马虎的毛病怎么也改不了，从上小学开始，妈妈就跟在他后面叮嘱要细心、细心、再细心，可孩子粗心的毛病却越来越厉害了。无论是平时做作业还是小考、大考，小海的作业及卷面正确率总是不高，不是少写个小数点，就是多写个零；不是看错了题，就是抄错了已知数。考试时，各门功课总会因粗心而被扣分数，所以尽管孩子反应快、脑子灵活、接受能力强，可成绩总是不理想。

而生活中的小海，更是做事马虎，经常丢三落四，时常忘记带笔记本或作业，他的房间、书桌凌乱不堪，还不许妈妈帮忙收拾，常常为找东西而把房间翻得一片狼藉。为此，妈妈很头疼。

其实，孩子做事不细心的坏习惯不是一两天养成的。在很大程度上，孩子做事不细心和家庭教育也是密切相关的。由于孩子从小就生活在一个无序的家庭中，没有一定的作息时间，没有一个好的生活习惯，做事随心所欲，东西摆放杂乱无章，自然就很难养成细心的好习惯了。所以，从小培养孩子做事细心的习惯至关重要。

数学考试成绩下来了，亮亮拿着成绩单回到家里。"妈妈，我这

次数学没考好，才考了87分。"亮亮一脸不乐意地说。

"数学不是你的强项吗？怎么会考砸呢？"妈妈不解地问。

"我也不知道，我还认为题目很简单呢！"

"那我看看到底错在哪儿了？"妈妈拿过试卷翻看着。原来错误都在计算上，一道题的一个数字抄错了，另一道题的一个运算符号抄错了；还有一道需要验算的，结果写答案时把验算的得数抄上去了。妈妈帮亮亮分析着原因，为亮亮的失分感到惋惜。因为亮亮把后面的难题全做出来了。

"妈妈，我真后悔，这些题目我都会做，怎么不小心就看错了呢？"亮亮进行着自我批评。

"粗心做错题与不会做题的结果都一样，都造成了扣分。这表明你计算的技能没练到位。你这次的粗心让你丢掉的仅仅是考试的分数。你结合实际想想，平时，你在新闻中看到有些单位出了大大小小的事故，不是都挺为他们感到惋惜吗？其实，事故就是有个别人粗心、疏忽而引起的。他给单位造成多大的损失，给他自己留下多大的遗憾啊！此时，他后悔也来不及了。"妈妈语重心长地教育着亮亮。"假如研制神舟五号的科学家也粗心了，他们能把神舟五号准确送入指定轨道吗？你崇拜的杨利伟叔叔能安全着陆吗？"

亮亮在妈妈循循善诱的引导中，渐渐明白了。他认识到了粗心的危害是极大的，并表示今后学习上要改掉粗心的毛病，让细心永伴自己。

孩子的粗心并非罪不可赦，与其一味责备、给孩子施加心理压力，倒不如在平时加强对孩子的训练，培养他们良好的生活和学习习惯。所以，面对孩子的粗心，家长要拿出更多的耐心和宽容，加强对孩子的训练，培养他们良好的生活和学习习惯。孩子细心的好习惯是在日常生活中一点一滴养成的。

帮助孩子克服粗心的毛病，是一件细致的、艰难的、经常反复的工作，只要家长和孩子共同努力，相信孩子一定能够克服粗心的毛病。

让孩子的生活有条理

在生活中，要尽量让孩子做事有条理。很多粗心的孩子在生活中条理不清，比如做完作业，孩子不整理书包文具，做事没计划，等等。这样就会养成粗心、马虎、无序的生活习惯。所以，家长在家庭中为孩子创造有序的生活环境，培养孩子井井有条的生活习惯，慢慢地，孩子在学习上也会逐渐细心起来。

家长要引导孩子养成有条理的习惯。在生活上，让孩子养成保管自己物品的好习惯，不仅是学习用品，而且衣服、鞋子等也要自己保管，放在固定的地方。在学习上，要培养孩子养成当天的作业当天完成、做完作业要检查、课前要预习、课后要复习等好习惯。

表扬和奖励孩子的每一次进步

一位妈妈曾经这样介绍她的经验：

我不总是盯住孩子因为粗心而犯的错误不放，而是寻找机会表扬孩子的细心之处。如孩子在没有经过大人的提醒下把地板扫干净了、孩子避免了一次以前经常会犯的错误等，我都会把这些记录下来。

在我们家墙壁上贴着一张细心表，孩子每细心一次，我就给他画一个红色五角星；当五角星满五个时，我就会给他一个小奖励，如带他去吃一次肯德基等；当小奖励满两次时，我就给他一个大奖励，给他买身新衣服、买个新文具盒等。这样坚持一段时间，我发现孩子的细心点越来越多了，而粗心的毛病也明显地减少了。

对孩子的粗心，家长尽量不要采取正面惩罚的方式，以避免对孩子粗心的强化，而应运用正面强化的方法，在他细心的时候，不失时机地表扬肯定，强化他的细心，让他感觉到自己其实是可以很细心的，这样孩子就会逐渐改掉粗心的毛病。

从培养孩子的责任心做起

孩子做事不细心，最根本的原因是缺乏责任心。一个人的责任心很强，做任何事情都不可能马虎、粗心。所以要培养孩子做事细心的习惯，首先要从责任心的培养做起。有了责任心，他自然能够小心谨慎地对待每一件事情，从而避免马虎粗心。

家长应该从小让孩子做一些他力所能及的事，小的时候让他收拾好自己的玩具，大一点时可以让他负责扫地或者洗碗，这就是他的责任，干好了要给予鼓励或表扬，干不好就要求他重来一遍，直至干好为止。总之，让孩子对自己的事情负起责任来。这样，就能逐渐地培养起孩子的责任心，孩子在遇事时就不会敷衍了事。

培养孩子整齐有序的生活习惯

孩子粗心的毛病是在从小的生活中逐渐形成的。试想，如果孩子从小就生活在一个无序的家庭中，没有一定的作息时间、没有一个好的生活习惯，如何能要求孩子没有粗心的行为呢？所以，家长要引导孩子养成做事细心的生活习惯。一旦孩子在生活上养成了做事细心的习惯，在学习上也能做得到。

第六章　告诉孩子，学习好不如爱好学习

有这样一句谚语："知识在书本里，智慧在头脑里。"你希望孩子的学习是为了知识还是为了智慧？在应试教育的背景之下，孩子成绩不好，你会如何看待？你希望孩子怎样看待这个问题？

正确引导，激发孩子学习的内驱力

在学习上，培养孩子的责任感，学好知识，就是要培养孩子的内驱力。在现实生活中有很多孩子对学习缺乏热情，对他们而言，学习就像一剂苦药，只要一提到学习，他们就情不自禁地皱起眉头。这些缺乏学习热情的孩子很难将注意力集中在所学的内容上，正因为如此，他们的学习成绩比较差。

刘潇是初中二年级的学生，上课时总是心不在焉，老走神儿，无论是听讲还是做作业，精神都很难集中。

课堂上，老师向他提出问题，他也总是一问三不知。班主任谢老师找他谈话，他告诉老师，自己实在没有学习的兴趣，隔壁的大哥不学习，照样赚大钱，他不明白为什么非要学习。

老师告诉他，学习是为了求知识，跟赚钱是两码事。

可刘潇却告诉老师："知识有什么用呢？知识能当饭吃吗？学了知识以后还不是要工作，要养家糊口？"

就这样，他们的谈话在匆匆忙忙之中结束了。

刘潇之所以缺乏学习兴趣，是因为他不曾感受到知识的魅力，没有体验到知识带来的快乐，更不知道学习的意义。要想让这样的孩子重新燃起学习的热情，家长的当务之急就是激发孩子的内驱力。内驱力是人们探索、了解未知事物的一种欲望，是人们学习知识的动力。它能使人坚持不懈地探究知识，自觉地、发自内心地探求知识的宝库。

美国著名教育家和心理学家布卢姆说过："一个带着积极情感学习课

程的孩子，比那些缺乏热情、乐趣和兴趣的孩子，或者比那些对学习材料感到焦虑和恐惧的孩子，学习更加轻松、更加迅速。"家长有责任让孩子热爱学习，并把学习的热情保持终生。但就如何激发孩子的学习热情却没有定式，针对每个孩子个性与特点的不同，家长应因材施教，最大限度地发挥孩子的能量。

帮孩子树立学习目标

目标是学习的动力，兴趣是学生最好的老师。只有明确学习目标，对学习产生浓厚的兴趣，才能完成学习任务。所以说，教育孩子确立自己的奋斗目标，是培养孩子上进心的非常重要的一种方法，是促使孩子自觉主动地学习的最佳途径。

> 周恩来小时候学习十分刻苦，学习兴趣始终很浓，成绩十分优秀，就得益于他有明确的学习目的和端正的学习态度。有一次老师问学生们："你们是为什么来学习呀？"有的学生说"为了将来当官"，有的学生说"为了今后赚大钱"。只有周恩来一人站起来严肃地说："为中华之崛起而读书！"所以，当他在法国勤工俭学时，乃至后来在艰苦的战争环境中还坚持学习，学习兴趣始终不减，力量就来自于这简短的一句话。

有目标才能有动力。明确的学习目标，是孩子自主学习成功的前提条件。美国近代心理学家布鲁纳说过："要使学生对一个学科有兴趣的最好方法，是使他感到这个学科值得学习。"帮助孩子树立学习目标，可以激励孩子超越自我，成为他们自觉主动地学习，不断前进的巨大精神力量。

通过游戏引发孩子的学习激情

孩子天生具备从游戏中获取知识的能力，他们对这个世界最初的认识就是从游戏中获得的。用游戏充分地激发起孩子的学习热情，让他们主动地通过游戏来学习知识，是一种更有效的儿童教育方法。

在一家幼儿园，老师用纸板箱做了一台"昆虫电脑"，按动"显示屏"上的数字按钮，就会有躲在幕后的幼儿模仿机器人介绍昆虫知识。男孩大卫自告奋勇要做"机器人"，但由于不熟悉"业务"，"电脑"常常出"故障"。放学回家，大卫在父母的帮助下研究了12种昆虫的知识，去了一趟昆虫馆，家里还新添了一本《昆虫世界》。从此，大卫就成了问不倒的"机器人"。

孩子的天性就是好玩儿，当家长将孩子的学习融于娱乐之中，必然会事半功倍。孩子在快乐的同时，最易于放开思维，吸取新东西。

在生活中，父母可以在家庭中为孩子创设一个"游戏天地"。除了提供玩具，家长还要设计并参与到游戏中去。父母在与孩子一起游戏的过程中，可以适时激发他们的求知欲和创造性，欣赏他们的想象力和好奇心。

让孩子养成良好的学习习惯

有一位老师的孩子去上海参加一个全国性的竞赛，带队的老师回来后很有感慨地说了一件事：那天在轮船上，晚餐后，同学们都在甲板上观看风景、玩儿去了，过了一会儿，没经任何人提示，也没任何人要求，该做功课的时候到了，那个老师的孩子就独自到船舱里拿出书本，旁若无人地学习起来，带队的老师感慨道：那就是习惯。

我国著名儿童教育家陈鹤琴曾说过这样一句话："习惯养得好，终生受其益；习惯养不好，终生受其累。"可见，习惯培养对人的一生是何等重要。如果孩子能够在少年时期养成良好的学习习惯，那么他便会将追求知识、努力学习当成生活中重要的事情来对待。学习习惯一旦形成，便会潜移默化地对孩子的学习产生影响。良好的学习习惯会使孩子向好的方向发展和变化，而不良的学习习惯则会使孩子丧失学习的热情，延误个人的发展。

满足孩子的好奇心，激发他的求知欲望

每个人都拥有好奇心，好奇心是人成功的根源。一位教育家说过："没有丝毫兴趣的强制性学习，将会扼杀学生探求真理的欲望。"要想培养孩子的学习兴趣，就必须注意培养其好奇心与求知欲，后两者的产生必然会使孩子产生浓厚的学习兴趣。

好奇心对于孩子获得知识是非常重要的，好奇、好问、探究、发现、创造往往都是密切相关的。许多发明和创作并不是事先预料得到的，往往是在好奇心的推动下，经过创新性思维和实践而获得的。

爱迪生是一位闻名世界的伟大发明家，他一生共有两千多项创造发明，为人类的文明和进步做出了巨大的贡献。他之所以能取得这么大的成就，从某种意义上来说，正是由于母亲的正确认识和引导。

爱迪生从小是一个喜欢提问题的孩子，凡事都要问个"为什么"。有一次，母亲正在厨房里忙着做饭，爱迪生急匆匆地跑来说："妈妈，家里的母鸡为什么把鸡蛋放在屁股下面坐着啊？"母亲放下手中的活儿，笑着对他说："傻孩子，它那是在孵小鸡呢！把蛋放在屁股下暖热后，就会有小鸡从里面爬出来。"爱迪生听了，觉得真神奇。他认真想了一会儿，抬头问道："只要蛋在屁股底下暖热后，小鸡就能出来？""对啊，就是这样！"母亲微笑着点头。等到饭做好了，母亲忽然发现爱迪生不见了，于是到处寻找，最后在库房里发现了他。原来爱迪生正学着母鸡的架势，把好多鸡蛋放在屁股底下蹲着呢。母亲很奇怪地问道："孩子，你在干什么啊？"爱迪生说："妈妈，你不知道吗？我在孵小鸡啊！"看着儿子一本正经的样子，母亲乐了。

母亲知道儿子爱思考，好奇心强，求知欲旺盛，对于他提出的各种问题，她总是尽可能地回答，即使回答不出来，也想办法找到答案再告诉孩子。

就这样，在这个不怕被问"为什么"的母亲的教育下，爱迪生虽然仅上过三个月的学，却成为一位伟大的发明家，为人类社会的发展做出了极大的贡献。

孩子由于年龄小，对未知事物充满好奇，他们会以好奇的心态向父母提问，这些问题是孩子了解世界、培养创新能力的重要途径，父母千万不要对孩子的问题置之不理，或是嫌弃孩子的提问过于荒诞而对他嘲笑或批评，否则，孩子会逐渐失去好奇心和热情。所以，父母要珍视并且善于保护孩子的好奇心，正确激发和引导孩子的好奇心，为孩子提供安全的创造环境，点燃孩子学习新鲜事物的欲望和热情。

孩子的求知欲需要好奇心，从小就要培养孩子的探索精神，其中好奇心发挥着至关重要的作用。有好奇心是孩子的天性，是孩子求知欲望的反映，也是孩子智慧火花的迸发。同时，孩子的学习兴趣往往是和好奇心联系在一起的。

小远的爸爸很喜欢养花，家里的花很多。一天，小远突发奇想地剪下了几枝月季花和太阳花，悄悄地埋到了泥土中，还煞有介事地为它们浇水。过了两天，他看到月季花都蔫了，但是太阳花却开花了，还冒出了几个新芽。

小远很纳闷，因为两种花是按照同样的方法种的，可却是不同的结果。他带着自己的疑问去找爸爸。爸爸看见自己的花被孩子破坏了，心里很生气，但他转念一想，这正是孩子好奇心的体现啊。

于是，爸爸控制住自己的情绪，给小远讲了为什么会出现那样的情况。他相信，鼓励孩子的每一点新想法，对孩子都会是莫大的帮助。

好父母
给孩子最好的教育

好奇心是孩子与生俱来的，爱护好孩子的好奇心是父母的责任和义务。正因为孩子对很多事物陌生，他才会感到新奇，才会提问，才会想试着去做。父母要多鼓励孩子去想、去问、去做，对孩子提出的问题和要尝试的事情给予积极的支持。

保护孩子的好奇心

有一个5岁的小男孩，他常一个人在家玩耍。有一次，他看见一盏台灯，觉得很好玩：为什么按一下就会亮？想拆开来看看里面有什么，就趁妈妈不在时，偷偷地拿到墙角边拆了起来。妈妈回来后，看到被孩子已拆得乱七八糟的台灯，十分生气，将小男孩狠狠地打了一顿。

在生活中，这样的场景时有发生。父母心疼物品被孩子损坏这是正常心理，但这"打了一顿"所造成的后果是从此禁锢了孩子的好奇心。这代价太大了！其实在大多数情况下，孩子的这种行为正是他好奇心的表现。小男孩把台灯拆开是因为他想知道台灯里面是什么样的，是什么使台灯亮起来的，小男孩的头脑中充满了新奇的念头，于是他就毫不犹豫地付诸了行动。成人不能轻率地将孩子的某些行为定性为"破坏"，而应该相信每个孩子都怀有良好的愿望，同时设法了解孩子行为背后的真正原因，看到他真实的需求和动机。在肯定和鼓励孩子探索行为的基础上讲清道理，给他提供问题的答案，满足他的好奇心。如果条件允许，也可以多提供一些廉价、安全的玩具，让孩子尽情地探究和摆弄。

让孩子多接触广大的世界

一般来说，人只有对过去从未见过的新鲜事物才产生好奇心，因此，一个成天关在屋子里从不与外界接触的孩子，不可能产生什么好奇心。要培养孩子的好奇心，必须给他们提供广泛接触外界事物的机会，接触新事物越多，产生好奇心的机会就越多。

家长可以有意识地引导孩子到大自然中观察日月星辰、山川河流。比如春天可带孩子去观察小树以及其他植物的生长情况；夏天带孩子去游泳、爬山；秋天带他们去观察树叶的变化；冬天又可引导他们去观察人们衣着的变化，看雪花纷飞的景象，等等。孩子通过参加各种活动开阔眼界，丰富感性知识，提高学习兴趣。家长最好还能指导他们参加一些实践，如让孩子自己收集植物种子、进行种子发芽的实验、栽种盆花，也可饲养小动物。随着孩子年龄的增长，可以启发他们把看到的、听到的画出来，并鼓励他们阅读书籍，学会提出问题，学会到书中找答案。这样不但可以满足孩子的好奇心，而且还可以激发孩子的求知欲。

认真回答孩子提出的问题

当孩子问父母问题的时候，父母千万不要嘲笑孩子的幼稚，更不要推开孩子说："烦死了。"在面对孩子一个接一个的问题时，父母不要因麻烦而敷衍，应该很认真地对待，越小的孩子越要如此。

幼年的瓦特对生活中的事物有很强的好奇心和很多的问题，并且很痴迷地去发掘答案。

有一年，瓦特到乡下的奶奶家做客，他在厨房里看到奶奶正在烧水，水开了发出"嗞嗞"的声音。这时，他发现水壶盖不知为什么被顶了起来，老在水壶上跳动。好奇的他立刻抱来一只小凳子坐在火炉边观察。

"奶奶，你看水壶盖怎么会在上面乱跳呢？是什么东西把壶盖顶起来了？"

"是水蒸气呀，水开了就会冒气，壶盖就会被水蒸气顶起来，自然就会乱跳啊！"

"水蒸气能有这么大的力量？一定是壶里有小动物把它顶起来的。"说着，他就过去把壶盖拿了下来看了又看，但是里面除了水还是水，其他什么东西也没有。

"为什么只有水开了，壶盖才会被顶起来呢？"

奶奶被瓦特问得十分厌烦："热气冲得壶盖跳有什么可大惊小怪的，历来如此。"

但是，瓦特的父亲却很喜欢瓦特这样寻根问底，他告诉瓦特，蒸汽是有很大力量的，并让瓦特仔细观察，看看蒸汽的力量到底有多大。

从此以后，瓦特像中了魔一样，常常盯着烧水壶，一看就是大半天。瓦特常常想："壶盖是被水蒸气推动而上下跳动的。既然一壶开水能够推动一个壶盖，那么用更多的开水，不就可以产生更多的水蒸气，推动更重的东西了吗？"

长大后，瓦特在不懈的努力下，终于发明改进了蒸汽机，推动了第二次工业革命的爆发，人类社会也因此而进入了"蒸汽机时代"。

问题是思考的起点。孩子小时候，脑子里会有很多问题，当孩子向父母提出问题时，父母要和孩子一起讨论，耐心地向孩子解释，父母积极地帮助孩子解决问题，孩子就会提出更多的问题。

根治厌学，补课不如"补趣"

兴趣对学习的促进作用是十分明显的。美国近代心理学家布鲁纳说："学习的最好动机，乃是对所学教材本身的兴趣。"这就是说，浓厚的学习兴趣可激起强大的学习动力，使孩子自强不息，奋发向上。兴趣是人对客观事物的一种带有情绪色彩的认识倾向。一旦孩子对某事物产生兴趣，强烈的求知欲就会进一步促使孩子主动学习，取得事半功倍的效果。

兴趣对学习有着神奇的内驱动作用，有兴趣才会有渴求，有渴求才会主动积极地探索，独立地进行研究和分析，得出自己的结论，而不是被动地接受书本知识。兴趣能把无效变为有效，化低效为高效。孩子只有对学习内容有足够的兴趣，才会产生强烈的探索欲望和饱满的情绪，才会自发地调动全部感观，积极、主动地参与到学习中去。学习也不再是枯燥的事情，学习效率就会提高，也能取得较好的学习效果。可以说，学习兴趣是推进孩子进行自主学习的原动力。充分激发孩子的学习兴趣是家长培养孩子学习主动性的有效途径。

有一个旅美华人，对孩子的作业大加感慨。

他的儿子刚上小学六年级，但是有一次，当这位父亲查看孩子的作业时，却发现老师给儿子留了这样一份作业：

"你认为谁应该对二次大战负有责任？"

"你认为纳粹德国失败的原因是什么？"

"如果你是杜鲁门总统的高级顾问，你将对美国投放原子弹持什么意见？"

"你是否认为当时只有投放原子弹一个办法结束战争？"

"你认为今天避免战争的最好办法是什么？"

这位父亲感到惊奇："这哪是给小学六年级学生的作业，分明是竞选参议员的前期训练！"但是，这位父亲并没有对孩子说出自己的想法，而是静下心来思考美国老师布置这项作业的道理。最后，他发现，美国老师正是在这一连串提问之中，引导孩子把视野拓宽，让孩子学习从高处思考和把握重大问题的能力，同时，在这些提问中，向孩子们传输一种人道主义的价值观。实际上，这些问题在课堂上没有标准答案，答案需要让孩子们自己去寻找。

当这位父亲看着12岁的儿子为了完成这项伟大的作业而兴致勃勃地看书查资料时，感到非常欣慰，因为他根本不用担心孩子做作业时会拖延，注意力会不集中，也不用为孩子的学习操心受累。因此，这位父亲不由得发出这样的感慨："在孩子追求知识的过程中，激发孩子的兴趣，让孩子主动、快乐地学习，孩子才能有自己的思考，才会不用父母提醒也能专心于自己的学习。"

好父母
给孩子最好的教育

兴趣是最好的老师，是孩子自主学习的不竭动力。在学习过程中，学习兴趣与学习效果之间有着密切的关系。一个孩子如果做他感兴趣的事，他的主观能动性将会得到充分发挥。即使是十分疲倦和辛劳，也总是兴致勃勃、心情愉快的；即使困难重重也绝不灰心丧气，而是去想办法，百折不挠地去克服它。如果让孩子去学他感兴趣的知识，学习的时间也许很长，但他丝毫不觉得苦，反倒像是在做游戏。

著名行为学家伯特·杜邦博士说："兴趣是打开潜能的钥匙。"父母教育孩子的目的，就是要把孩子培养成为一个有能力的人和一个有能力创造成就的人。兴趣能为孩子打开能力之门，父母所要做的就是去发现孩子的兴趣，让兴趣引领出孩子无限的潜能。

美国莱特兄弟成长和成功的历程是一个跟兴趣有关的故事，它表明了兴趣对于孩子成才的重要性和有效性。

"飞机之父"莱特兄弟在很小的时候就对宇宙空间产生了浓厚的兴趣。每当看到在空中高悬的圆月，他们以为近在咫尺，就想用手去摸一摸。于是，他们常常爬到树枝上，踮起脚尖儿去摸月亮，结果，常常重重地从树上掉下来。当他们的爸爸知道这件事后，不但没有骂他们是傻孩子，反而鼓励他们说："孩子，骑一只大鸟，去摸摸月亮吧！"

父亲的一席话激发了莱特兄弟对于太空探索的浓厚兴趣。从此，一种"腾空摘月"的理想便在他们的心中萌发了。他们渴望着早一天制造出这样一种神鸟，骑着它去摘那又大又圆的月亮。正是在儿时萌生的天方夜谭般的神奇想象和浓厚兴趣，引导着他们走向了一条航空科学的道路。1903年，在两兄弟的刻苦钻研下，闻名于世的首架飞机终于研制成功了，他们真的驾着自己制造的飞机翱翔于万里碧空，去摘取他们心中又大又圆的月亮。

每个孩子都是天才，但他们的天赋往往是潜在的，需要不断地培养才能得到充分的发挥。而培养的办法就是鼓励他们有广泛的兴趣，在各种兴趣爱好中逐渐找到最适合自己的，并通过不断地努力发掘出自己的天赋。

尊重孩子的个人兴趣

孩子是独立的个体，有自己的喜怒哀乐，自然也有自己的兴趣爱好，但很多家长并不将此当回事，认为孩子的生活道路应该由家长来安排。这种看法显然是不对的，如果孩子不以兴趣为出发点，那他对什么事物都反应平淡，也很难有所成就，而如果违背孩子的意愿，那更会伤及孩子的自尊心。

有一个小男孩，曾经按照父母的意愿开始学习书法，在父母的督促下，他每天都要进行一小时的书法练习。有一天，孩子竟哀求说："妈妈，我实在不喜欢写毛笔字，一点意思也没有。每天你们都逼着我写，其实我是为你们写的。别人夸我，你们就高兴。"这一番话，使孩子的母亲又震惊又伤心。她问孩子："那你喜欢什么？"孩子说："我喜欢钢琴，想学钢琴。"母亲思考再三，觉得还是应该尊重孩子的意愿，满足他的要求。于是，这个男孩开始学习弹钢琴，由于有了兴趣，他学习钢琴非常自觉，在完成作业之后，他把丰富的想象融汇在对乐曲的理解和弹奏过程中，充实了心灵，陶冶了情操，取得了事半功倍的效果。

因此，父母要尊重孩子的爱好兴趣，即使孩子的这种兴趣爱好可能与父母的期望有差距，但只要是正当的爱好，也应该尊重孩子。因为孩子在做自己喜欢的事情时，他的创造力和潜力才有可能得到充分的发挥，他的专注、认真、持之以恒的习惯和意志也可以得到锻炼和培养，从而有利于孩子的成长。

用表扬激发孩子的学习兴趣

鼓励与表扬是最好的教育方法。现代教育理论认为，教育的艺术不在于传授的本领,而在于激励、表扬、唤醒。我们都知道,孩子好胜心强,喜欢听激励性的话,激励性的语言能激励孩子奋发向上。

韦本文是美国著名的画家。他能够成为画家,与妈妈对他的表扬和鼓励是分不开的。有一次,妈妈把韦本文和妹妹莎莉留在家里,他发现家里有几桶颜料,便突发奇想地想为妹妹画肖像,为此弄得客厅乱七八糟的,沙发上摆着纸,地板上也沾满了颜料。

妈妈回来后,看到屋里的一切,又看看孩子骄傲的眼神,顿时觉得孩子的"破坏"很有价值,所以她没有说客厅里有多么乱,而是很真诚地对他赞扬道:"哇,这是莎莉啊,你画得像极了!"她热情地拥抱韦本文并给了他一个吻。

正是妈妈的鼓励,激发了韦本文对绘画更大的兴趣和热情。后来,韦本文说,是妈妈的吻让他成了一名画家。

任何人都需要鼓励,需要表扬,孩子更不例外。美国心理学家特尔福德认为:"驱使学生学习的基本动机有两种:一种是社会交往动机;另一种是荣誉动机。"这就告诉家长,激发孩子的学习兴趣要以激励性评价为主,即将孩子作为一个能动发展的主体来看待,通过各种外部诱因来满足孩子的兴趣、情感的需求,点燃他们的求知、进取、发展的火花,促进孩子的生动学习和主动发展,让他们爱学、趣学、乐学。

用榜样激励孩子

人们常说:"孩子把父母当作一面镜子,对父母的一言一行、一举一动都会有意无意地模仿。"因此,家长想培养孩子的学习兴趣,自己必须先做出样子,这是教育孩子的一条捷径。

丽丽是老师和同学眼里的好学生,她的学习成绩一直是班里的前几名。她学习非常刻苦,很多时候大家看到的她都在埋头苦读。

丽丽的父母都是大学老师,平时也都是爱学习的人。他们的教育方式不是整日对孩子进行说教，而是以自己的实际行动来影响孩子。他们晚上在家备课、查阅资料、写论文，空闲时还经常讨论学术上的问题。

家里的学习氛围很浓厚，丽丽自然而然就勤奋好学了。

榜样的力量是无穷的。父母应该认识到，最有力的榜样是自己。没必要花许多钱去提高孩子的学习兴趣，而只要让孩子看到父母在读书学习，就会对孩子产生深远的影响。

万里之路始于书，尽享读书之乐

阅读是人类进步的最好途径。在当今信息时代，知识的更新频率越来越快，阅读是人了解社会的重要方式，也是孩子认识社会和自然界的重要方式。

"书是知识的源泉，书是孩子的良师益友"，读书对一个人一生的发展非常重要，它不仅使人知识广博，更重要的是它能陶冶人的情操，使人的精神内涵更加丰富。正如莎士比亚所说的："生活中没有书籍，就像没有阳光；智慧中没有书籍，就像鸟儿没有翅膀。"

英国著名浪漫主义诗人雪莱非常爱读书，从书本上源源不断地流向他脑海里的新知识，使他看上去永远是那么朝气蓬勃、热情奔放。据记载，他总是在不停地看书，连吃饭时饭桌上也摊着一本书，他常会忘了喝茶吃烤面包，却不会忘记读书。他会让面前的烤羊腿、马铃薯冷掉，可对书本的热情却丝毫不会冷却。他外出散步时也总是手不释卷，要是独自出门，他便自言自语地吟诵；要是友人同行，他就大声朗读，读到动情处，同行的朋友无不动容。他的一生虽然短暂，却放射出了最炫目的光芒，《西风颂》《云》《致云雀》等抒情诗堪称是文学史上的不朽之作。

阅读是一种终身教育的好方法。英国哲学家培根说"知识就是力量",而知识的积累来自于阅读。阅读是提高孩子人文素质的重要途径,它对孩子一生的成长和发展都起着至关重要的作用。

大量的阅读会使孩子在人生观、世界观的形成,知识面拓宽,感知力、求知欲增强,思考能力、表达能力的提高及处理问题方式的灵活等方面,都显示出明显的优势。所以,从小培养孩子良好的阅读习惯,是家长送给孩子最宝贵、一生都用之不尽的财富。

引导孩子爱读书是每个父母的责任,孩子一旦对读书产生了浓厚的兴趣,就会燃起求知的智慧之火,这样,你就为孩子的成功铺设了一条道路。

德国著名的思想家、诗人歌德,在他幼年时,母亲就常常给他讲故事。每天讲到"且听下回分解"的地方就停住,以后的故事情节让歌德去想象。幼年的歌德为此做了各种猜想,有时还同他奶奶商量,等待着第二天故事情节的发展。第二天,母亲在讲故事前,先让歌德说他是怎么想的,然后自己讲。当歌德猜中的时候,他就高兴得叫起来。歌德的记忆力和想象力就是这样培养起来的,当然,歌德的读书兴趣因此也被调动起来了,这为他后来创作剧本和小说带来了很大的益处。

阅读,是一种使孩子终身受益的好习惯。"授之以鱼不如授之以渔",为人父母者,要从小重视培养孩子阅读的兴趣。

阅读能力是一种综合能力,它不是一朝一夕可以形成的,而是循序渐进的一个过程。孩子由于受年龄、知识和生活环境所限,不论在阅读习惯,还是方法和材料等方面都会遇上很多困难。而父母作为孩子的第一任教师,就是孩子阅读的启蒙者。因此,父母要担负起阅读教育的责任,培养孩子广泛的阅读兴趣。

激发孩子的阅读兴趣

兴趣是最好的老师,有了兴趣,做任何事情,人们都会主动去做。没有兴趣,想做好一件事情是很难的。培养孩子读书也是这样,只有培养了孩子的读书兴趣,孩子才能主动去读书,从丰富的书籍中去吸取营养,丰富自己，充实自己，不断提高自己的素质。

6岁的洋洋好奇心很强，对什么都感兴趣，无论走到哪里，他都喜欢摸这儿摸那儿，然后问别人："这是什么？""为什么会这样？"他每天有1000个为什么！

一天，妈妈带洋洋到动物园玩儿，他这里看看，那里看看，一双好奇的大眼睛忙碌个不停。

"狮子吃蛇吗？"

"企鹅为什么生长在寒冷的地方？"

"大熊猫为什么是国宝呢？"

洋洋的妈妈微笑着告诉他："你问的这些问题书上都有，等我们回家以后去查查这些问题好不好？"

回到家后，洋洋迫不及待地要求妈妈给他拿书看。妈妈拿出有关动物的书给洋洋看，洋洋高兴极了："哇！里面有这么多动物呀！"书上的动物图片使洋洋看得入了迷，他一边看，一边要妈妈读书上的文字，洋洋就这样开始了读书识字。以后，他只要在外面看到什么，听到什么，就要妈妈给他找相关的书。在不知不觉中洋洋读书的兴趣越来越浓了。

从小激发孩子的读书兴趣，对孩子一生的成长都有着重要的影响。孩子对阅读的兴趣在很大程度上是从家长生动形象地讲故事时形成的。因此家长应耐心细致地多陪孩子看看书，讲讲小故事。同时，还可以经常与孩子在一起交流读书的方法和心得，鼓励孩子把书中的故事情节或具体内容复述出来，把自己的看法和观点讲出来，然后一起分析、讨论。如果经常这样做，孩子的阅读兴趣就可能变得更加浓厚，孩子的阅读水平也将逐步提高。

引导孩子阅读经典文化名著

列夫·托尔斯泰是俄国最负盛名的文学家、思想家和哲学家，是世界文化史上的巨人。他在童年和少年时代受过严格的贵族家庭教育，其中一项重要的内容就是经典诗歌的诵读。在他很小的时候，有一次，父亲让他读普希金的诗歌《致大海》《拿破仑》，他立即铿锵有力地朗读了出来，这使父亲大为惊讶。父亲高兴地说："读得好啊！"随后又把他的教父叫来，叫他又读了一遍。幼时对经典诗歌的学习培养了托尔斯泰高超的语言表达能力和敏锐的艺术感受力。

回顾自己的童年，托尔斯泰这样写道："我难道不是在那一时期里获得了我现在赖以生存的一切东西吗？那时我获得了如此多的东西，并且如此迅速。在我一生的其余岁月中所获得的东西都及不上那时所获得的百分之一。从五岁的我到现在的我之间只是一步的路程。从新生儿到五岁之间则是巨大的骇人的距离，而从胎儿到新生儿之间却是无底的深渊。"

经典文化都是世界历代文人和学者的绝世之作，经过年复一年的大浪淘沙留下来了脍炙人口的作品。如果我们的孩子经常阅读这些经典文学作品，让孩子的心灵与大师们交流、碰撞，让他们深切地感受到文字里所蕴藏着的瑰宝，孩子的自身素质从小就是高起点、高标准，从而迈开了人生的第一步。所以，家长要引导孩子多读经典名著。

为孩子创设和谐的阅读环境

家庭环境对孩子有潜移默化的作用。孩子的教育是从父母创造的家庭环境开始的，一个良好读书环境是孩子形成良好的读书习惯的首要条件。因此，给孩子提供一个良好的读书环境，为孩子营造一个浓郁的书香氛围很重要。

想当年，年过八旬的诗人柳北岸（笔名）先生不但精神矍铄，而且记忆力好得惊人。谈起童年趣事，他一桩一桩说得眉飞色舞；聊及旅行趣闻，他一件一件讲得兴高采烈；说起读书心得，他更是一则一则说得兴味盎然。思路之清晰，描绘之生动，着实令人自叹不如。他的儿子蔡澜先生这样评价父亲："父亲不老，只因他终生读书。"

柳北岸先生有一间书房，墙壁四周镶嵌着高达天花板的书橱，橱内密密麻麻地放满了古人和今人的书。对于他来说，一日不可无书。他的几个孩子，分别是艺术界和教育界的佼佼者，他们都是手不释卷的爱书人。这一份爱书的品质，是柳北岸先生当年颇费苦心而又不露痕迹地对他们培养而形成的。柳北岸先生回忆起如何教育孩子时笑眯眯地说："我买了大量的书，放在地上，任由孩子们看。他们把书翻得乱七八糟，东南西北丢得满天满地，我一声不响地替他们收拾。隔一段时间，又买进另一批新书，任由他们翻。我从来不逼他们读，可是，他们见我读得津津有味，而满屋子的书又伸手可及，一个个都自动地成了爱书人。"

读书需要有一个良好的氛围，如此才能保证孩子心情愉悦、注意力集中地读书。所以父母要尽可能为孩子创造有趣、轻松、自在的阅读环境。正所谓书香门第多才子，一个最重要的原因就是他们家庭读书的氛围好。如果父母本身都有阅读习惯，言传身教，自然能给孩子良好的影响。

培养和提高孩子的学习能力

孩子天生喜欢学习，但不是天生都会学习的。只有具备良好的学习能力，孩子才能更好地吸收相关知识。

学习能力是每个孩子都必须掌握的一种能力。培养孩子的学习能力，不仅能促使孩子主动地学习，独立思考钻研问题，提高学习效率，而且对未来从事各项工作打下基础，因而受益良多。

学习能力，简单地说就是获得知识的能力。如果将孩子学到知识比作"捕到鱼"，那么，对父母而言，最重要的是要指点和启发孩子掌握最有效的捕鱼技术，而不是父母捕到鱼后送给孩子，让他坐享其成。正所谓：授人以鱼，不如授人以渔。陪着孩子学习，不如教会孩子学习。良好的学习习惯和自觉学习的能力是孩子一生受用不尽的财富。

张芳是个初中一年级的学生,她是个典型的乖乖女,一切都顺从妈妈的指令,妈妈让她做什么她就去做什么。生活上如此,学习上更是如此。在家里,她严格按照妈妈给她制订的时间表来完成学习任务。

有一次,妈妈生重病住院一个多月,没有办法再像往常一样时刻指导孩子的学习。离开了妈妈的指导,张芳根本不知道什么时候该做什么事情,也不懂得如何提高自己比较差的科目。慢慢地,她的学习成绩出现了很大的退步。

当妈妈出院后,了解到她的学习成绩,认真地问她:"你成绩这么差,怎么自己不知道多花点时间补一补呢?"张芳低着头,轻轻地说:"我不知道怎么补!"妈妈摇摇头,她知道自己以前为孩子包办得太多了,以至于她根本没有自学的能力。

孩子的学习离不开家长的帮助和指导,但是不能帮助过分,不能包办代替,不能无止境地帮助。无休止的帮助就使孩子养成一种依赖感。学习的过程是一个独立完成的过程,人们的知识主要是通过学习获得的,谁学习,谁获得。作为家长不可能每天都跟着孩子一起学习,所以要尽快培养孩子自主学习的能力。

帮孩子掌握学习方法

只有不会学的孩子,没有学不会的孩子。对孩子来说,最重要的不是一时的学习成绩,而是能否学会学习,掌握适合自己的有效的学习方法,养成良好的学习习惯。

孙继科是初中二年级的男孩,父母对他寄予了许多的期望,甚至不惜借款把孩子送到市里最好的初中就读。

孙继科是个懂事的孩子,他努力学习,但是成绩却总是差强人意。每一次，他把自己的考试卷子拿回家。父母看了，都直摇头，但是看到儿子低头不语的神情，想起他每天刻苦学习的情景，就不忍心责备他了。父母对于孙继科的表现百思不得其解，甚至怀疑他的智商是否正常。但是孙继科在生活上懂事的表现让他们知道儿子很机灵，这下他们更不明白了："为什么孩子付出了那么多努力，成绩却总也提不上来呢？"

相信很多家长都有这种困惑，孩子学习很努力可成绩就是上不去。出现这种情况，如果孩子的智力没什么问题的话，那么家长就要关注一下孩子的学习方法了。学习方法不当，孩子的努力就可能白费。就像案例中的孙继科，智力没有问题，学习也很努力，可能是学习方法不当，不能完全掌握知识要点，因而无法发挥和运用所学知识，最终导致了学习的下滑。

学习方法与学习过程、阶段、心理素质等有着密切的联系，它不但蕴含了对学习规律的认识，而且也反映了对学习内容理解的程度，同时，它还是一种带有个性特征的学习风格。因此，家长结合孩子的年龄及学习特征，逐步培养孩子掌握适合自己特点的、富有成效的学习方法。

提高孩子的自学能力

所谓自学能力，就是自我学习的能力，是指不依赖教师、家长，通过独立学习、钻研而获取知识的能力。这是一种十分重要的能力。孩子有了一定的自学能力才能获得广泛的知识，才能学得更灵活、更扎实。

有个孩子叫吕清，正上初二时，老师看他善于自学，大有潜力，就问他："吕清，你考虑过没有，能不能初中期间就学完高中课程，明年参加高考？"吕清愣住了，这是压根儿也没想过的事，但经过思考他还是愿意试一试。

老师为吕清制订了一套特别的学习方法：自学为主，个别辅导，重点听课，及时检测，不拘形式，讲究实效。吕清读过的课本页边，密密麻麻写满了小字，这是他抓住教材的精华部分写的内容重点和自我提示；为了节省时间，他锻炼自己思维的敏捷性，常用心算代替笔算；他合理地安排学习时间，用整块时间攻克主科，利用零星时间阅读其他教材，并像看故事书一般，注重随时记忆，而不是等考试时再强记。

由于是主动地自学，吕清并没觉得有太大的压力。在临考前紧张的日子里，他还参加了一次四城市联合数学竞赛，并获得了第一名。平时课余时间，他常踢足球、下象棋、看电影。他用几个月时间就学完了初三课程，又花了一年自学了高中课程，最后以高分考上了大学少年班。

从这个事例可以看出，自学是最有效的学方式。培养孩子的自学能力，不仅能促使孩子主动地学习，独立思考钻研问题，提高学习效率，而且使未来从事各项工作都能受益。为此家长要培养孩子的自学兴趣，掌握自学方法，培养自学习惯，使孩子愿意学并且会学，这是至关重要的。孩子具备自学能力之后，就可以将被动变为主动，真正成为学习的主人。

指导孩子使用工具书

小强10岁的时候，妈妈给他买了一本《新华字典》，并认真地对他说："以后，遇到没学过的字或者词，先在这本字典里找。如果找不到，再来问爸爸妈妈，知道吗？"

小强点了点头。随后，妈妈又开始告诉他如何使用字典。

妈妈翻开字典，说："你可以通过两种途径来查找你需要的字，第一种是通过拼音，第二种就是通过部首检字表。如果你想知道一个字怎么读，那么就可以用第二种方法；如果你想知道一个字的含义而你已经知道它的拼音，那么两种方法都可以用。"

从那以后，小强再也没有拿着书本跑到厨房去问妈妈这样的问题："这个字怎么组词啊？""这个字怎么读啊？"显然，他已经拥有了一定的自学能力。

工具书是孩子学习的好帮手。字典和词典等工具书，能帮助孩子了解字、词的读音和含义，扫除阅读障碍，提高阅读能力。孩子学会查字典和词典的方法，并能独立运用，就等于掌握了一种自学的方法，有利于他们提高学习成绩，开阔知识视野，使他们变得更加聪明。

第七章　每天进步一点点，帮孩子做最好的自己

什么是好的教育？怎样让孩子成为有用之才？不断提高孩子的素质和能力，为孩子的幸福人生奠基，能够让孩子每天进步一点点，做最好的自己，就是好的教育。一个孩子只有一个未来。只要孩子做到了"最好的自己"就是最大的成功，做父母的还有什么苛求呢？

第七章 每天进步一点点，帮孩子做最好的自己

即使再弱小，也可以帮助别人

生活中，不少人认为帮助别人，自己就要有所牺牲；别人得到了，自己就一定会失去。其实很多时候，帮助别人并不意味着自己吃亏，也是帮助自己，正如爱默生所说："人生最美丽的补偿之一，就是人们真诚地帮助别人之后，同时也帮助了自己。"

我们怎样对待别人，别人就会怎样对待我们。这是人际交往中必须遵循的一条基本规律。从这一意义上说，帮助别人就是帮助自己，"送人玫瑰，手有余香"。

每个人都不是独立地存在于这个世界上的，每个人都会遇到困难，遇到自己解决不了的问题。这个时候，我们就需要向别人求助，如果我们能得到别人帮助，那么我们就会心存感激，希望他日自己也可以为别人做些事情。同样地，当我们帮助别人时，别人也会心存感激，希望他日伸出援助之手帮助我们。

有一家公司面向社会招聘一名经理，经过重重筛选后，5个应聘者终于从数百名竞争对手中脱颖而出，成为进入最后一轮面试的佼佼者。按照公司的规定，他们要在面试那天上午9点到达面试现场。他们不约而同地提前半个多小时就赶到现场。忽然，一个男青年急急忙忙地赶来了。他们纳闷地看着他，因为在前几轮面试中不曾见过这个人。他似乎感到有些尴尬，然后就主动迎上前开口自我介绍说，他也是前来参加面试的，只是由于太匆忙，忘记带钢笔了。他问他们几个是否有笔，想借来填写个人简历表。他们面面相觑，都想，本来竞争就够激烈了，半路还要杀出一个程咬金，岂不是会使竞争更加激烈

吗？要是不借笔给他，那不就减少了一个竞争对手，从而加大了成功的可能？大家像有心灵感应似的你看着我我看着你，竟然没有人出声，尽管每个人身上都带着多余的钢笔。终于，一直沉默寡言的"眼镜"走了过来，递过一支钢笔给他，并礼貌地说："我的钢笔不太好用，但还可以写字。"他接过笔，感激地握了握"眼镜"的手。其余的人则用白眼瞟了瞟"眼镜"，不同的眼神传递着相同的意思——埋怨、责怪、甚至愤怒。因为他又增加了一个竞争对手。一转眼，规定的面试时间已经过去20分钟了，却不见任何动静。终于有人按捺不住了，就找到有关负责人询问情况。谁料里面走出来的却是那个似曾相识的人，他指着"眼镜"说道："结果已经出来了，这位先生被聘用了。作为一家追求上进的公司，我们不愿意失去任何一个人才。但是很遗憾，你们的私心使自己失去了机会！"

正所谓"行下春风，必有秋雨"，许多人活一辈子都不会想到，自己在帮助别人时，其真正是帮助了自己。在日常生活中，许多偶然的事情，都会对我们未来的命运有影响，甚至会起决定作用。生活告诉我们这样一个真理：帮助别人，就是帮助自己。

事实上，我们总想从别人那里获取更多的东西，自己却吝惜哪怕一点点的付出。心理学家马斯洛指出，人都有爱与被爱的需要。我们更关注被爱和受尊重的感受，却往往忽视了爱与尊重他人的前提。其实，人们只有主动去关照、帮助一下别人，自己眼前的世界也许就会因此而改变。所以，我们要舍弃一些不必要的自我意识，帮助别人做一些力所能及的事情。

社会交往程度越密切，越是离不开相互帮助。对孩子来说，从小在他们心灵中播下关心他人、助人为乐的种子，是发展孩子的健康心理，培养开朗、宽厚、善良性格的重要基础。一个乐于助人的孩子，能够不断收获他人的支持和帮助。

第七章 每天进步一点点，帮孩子做最好的自己

开学半年多了，同学们从没见刘德亮笑过，这引起了班长田华的注意。平时刘德亮从不和别人主动聊天，也不爱说话，只顾一个人低头学习。半年来除了学校他几乎没去过其他的地方。由于他性格孤僻，同学们给他起了一个外号，叫"孤独大侠"。

有一次，刘德亮的一个亲戚来看他，田华才从刘德亮的亲戚那里了解了他的不幸。原来刘德亮很小的时候父母在一次车祸中丧生，由于没有了生活的依靠，刘德亮和妹妹不知道该怎么活下去。幸好远方的舅舅闻讯赶来，把兄妹俩接到了自己家。舅妈是一个好生事端的人，对刘德亮和妹妹十分苛刻，动不动就责骂甚至动手打他们。

一次妹妹发高热，舅舅不在家，刘德亮求舅妈带妹妹去看病，舅妈不理他，等舅舅回来后把妹妹送到了医院，可妹妹的眼睛再也看不见东西了。从此以后，他再也不愿意和别人说话，除了妹妹。

田华知道这一切后，就主动找刘德亮谈话，田华说："刘德亮，我对你的不幸深表同情，希望我能帮助你。"刘德亮只是看看他，没有说话。可是田华并没有放弃对他的帮助，他把刘德亮的事告诉了同学们，并让大家一起想办法，让刘德亮快乐起来。

因为刘德亮的拒绝，谁也没想到更好的办法。田华忽然想到刘德亮的妹妹是发热导致的失明，也许能治好，于是他请教了医生。医生告诉他要看什么情况，一般情况下是可以治好的。

这一点希望燃烧了田华的心，他回去组织同学策划捐款行动，然后背着刘德亮把他的妹妹接到医院。经过检查，医生说可以治好，这让田华和同学们高兴不已。

这段时间刘德亮见同学们都怪怪的，而且他们用一种异样的眼光看他，以为是田华把自己的事向同学们宣扬开而导致的，于是对田华更加冷漠。

直到有一天，田华对刘德亮说："刘德亮，门口有人找你。"刘德亮疑惑不解，因为平时从来没有人找过他，但他还是向门口走过去。当他看见自己的妹妹时，眼睛湿润了。

"怎么，你的眼睛？"

"是的，我可以看见你了！"

刘德亮不解地问："到底发生了什么事？"

妹妹把发生的一切告诉了刘德亮，从此，刘德亮和田华成了好朋友，他的性格也逐渐变得开朗起来。

给他人力所能及的帮助是一种美德，自己也能从中收获到快乐。当别的小朋友遇到困难的时候，在自己能力范围内，主动去帮助别人，这个过程既可以让孩子之间建立起友谊，又可以让孩子体会到成就感，让孩子成为受欢迎的人，这将大大鼓励孩子的信心，更乐意去与人交往。因此，培养孩子乐于助人的精神是儿童教育中的一个重要课题。

让孩子体验为助人的快乐

父母要通过各种形式教育孩子关心和热爱自己的父母和周围的人，对别人有同情心。如果孩子单方面地接受了爱，久而久之会形成以自我为中心的性格，自私而任性。爱不是单向的，而应该是双向的，不仅父母爱孩子，还要培养孩子从小爱父母、爱别人，使孩子心地善良，从心灵深处去关心别人。要让孩子感悟到，助人为快乐之本，从小应该多做一些对别人有帮助的事情。

曾经有一个小女孩，长期居住在奶奶家，缺少父母的爱，环境使她变得冷漠，只知道保护自己，不关心别人。当她回到妈妈身边时，妈妈发现了这些缺点，并想要她学会关心他人，而她认为"只要我不做坏事就好了"。有一次，邻家的小朋友丢了心爱的玩具，走在路上的她正好看到了，结果却视而不见地走了过去。聪明的妈妈利用了这个机会想教育一下孩子，于是要求孩子拿起玩具送到了小朋友家，结果可想而知，她受到了对方的感激和表扬，为此孩子突然明白了一个道理：只是一个举手之劳，却能给别人带来多大的安慰，人人都应该学会帮助别人，而自己也是快乐的。

在生活中，家长要让孩子明白"助人为乐"这四个字，蕴含着人世间最真最美的意义。"助人"为什么会快乐呢？因为可以从帮助别人的过程中发现自己的生存价值。由于孩子的帮助和付出，使别人的困难得到解决，把别人的不方便变成了方便，这是一种成功的体验。当孩子懂得这些道理之后，就会主动帮助别人。

为孩子树立榜样

培养孩子乐于助人的品格，首先需要家庭成员特别是父母树立榜样。

在一家杂货店里，一位女士带着儿子在选购罐头。不巧，一位年老顾客的皮包掉了下来，零钱撒在了地上。这位女士马上停止选购，弯下身去帮这位老人家捡零钱。儿子看到妈妈的举动后，也主动过去帮忙。

任何一种优秀品质，都离不开家庭氛围的熏陶。一个乐于助人的家长，能够时刻熏陶自己的孩子。所以在日常生活中，家长遇到邻居、朋友甚至是陌生人有困难的时候，要及时伸出援助之手，给孩子树立一个好榜样，身教胜于言教。家长的言行，时刻影响着孩子的观念和行为，时日一久，孩子在遇到别人需要帮助时，也会慷慨相助。

表扬孩子的行为

当孩子帮助别人之后，父母要主动和孩子谈论他的感受，了解孩子从中学到了什么，并对孩子出色的表现给予肯定。

小华看到邻居家的小梅哭了，便把自己的玩具塞到小梅手里，小大人似的哄她："我给你糖吃，你别哭了，好不好？要不我给你讲天线宝宝的故事好吗？"这个时候小华的妈妈看见了，立刻高兴地对小华说："你能主动帮助小朋友，还能想出不同方法，真好，妈妈看到你这么懂事，真是高兴极了！"说完后，妈妈便和小华共同商量出更多的方法，好让小梅尽快从伤心的情绪中走出来。

对于孩子助人为乐的行为，父母应及时给以肯定、支持和鼓励，如扶残疾人或老人过马路、主动让座给需要的人、帮助生活困难的同学等，对孩子的这些行动，都要给予鼓励："你这样做很好！"使孩子把助人为乐、爱做好事的行动坚持下去，以培养孩子的美德。

一个人的力量是有限的，让孩子学会合作

当今社会是一个竞争与合作并存的社会，"学会合作"是时代对于人的基本要求，只有能与人合作的人才能获得生存空间，只有善于合作的人才能赢得发展。

所谓合作是指两个或两个以上的人为了共同目标或者获得共同利益而自愿结合在一起，相互作用和配合，最终实现共同目标、满足个人利益的一种社会交往活动。

无论做什么事，都离不开团结协作。毕竟，单个人的力量是有限的。在当今社会生产和生活中，合作越来越显示出了重要的意义。面对社会分工的日益细化、技术和管理日益复杂化，个人的力量和智慧都显得十分微不足道，即使是天才，也需要他人的协助。

有个年轻人，大学毕业后应聘到一家公司上班。上班的第一天，他的上司就分配给他一项任务，为一家知名企业做一个广告策划方案。

这个年轻人见是上司亲自交代的，不敢怠慢，就埋头认认真真地搞起来。他不言不语，一个人摸索了半个月，还是没有弄出一个眉目来。显然，这是一件他难以独立完成的工作。上司交给他这样一份工

作的目的，是为了考察他是否有合作精神。但他不善于合作，既不请教同事和上司，也不懂得与同事合作一起研究。凭自己一个人的力量去蛮干，当然拿不出一个合格的方案来。

合作才有出路。一个人最明智且能获得成功的捷径就是善于同别人合作。正如利皮特博士所说的："人的价值，除了具有独立完成工作的能力外，更重要的是赋有和他人共同完成工作的能力。"只有善于与人合作，凭借整体的力量，才能使自己获得更大的成功。

合作是人类社会赖以生存和发展的重要组成部分，在未来社会，只有能与人合作的人才能获得生存的空间，也只有善于合作的人才能赢得发展。然而，当今孩子的合作现状是不容乐观的。现在的孩子多数是独生子女，是家里的"小皇帝"，被一家两代甚至是三代人宠着。过度的呵护与溺爱，让很多孩子做事往往以自我为中心，唯我独尊，缺乏团结协作精神。这都是现在孩子心理品质上的弱点，而通过人际交往和孩子间的必要合作，则能够改变和矫治这种不良的心理品质。

在日常的生活中，合作的机会和事例屡见不鲜，而且人们也开始重视和强调通过教育促进人们合作的必要性。在共同学习、集体活动中，孩子们不断地学习并体验怎样才能有效地达到共同目标。所以，父母从小就要强化孩子的合作意识，培养孩子的团队精神，这样才能在将来更好地融入社会。

有个外国老太太来到中国，她找了几个中国孩子，让他们做一个游戏，她把几个拴着细线的小球放进一个瓶子里，瓶口很小，一次只能容纳一个小球通过。她说："这是一个火灾现场，每个人只有逃出瓶子才能活下去。"她让每个孩子拿一根细线，游戏开始了，只见几个孩子从小到大，依次把小球取出来了。老太太很惊讶，她在许多国家做过这个实验，但是没有一个成功过，那些孩子无一例外地都争先恐后地把细线拼命往上拉，导致一堆小球堵在瓶口。

为什么这几个中国小孩能让所有的小球全部从小瓶口出来呢？归根结底就是因为他们善于团结合作。

欧洲著名的心理分析家阿德勒认为：假使一个儿童未曾学会合作之道，他必定会走向孤僻之途，并产生深深的自卑情绪，严重影响他一生的发展。所以说，合作能力是孩子未来发展、适应社会、立足社会的不可缺少的重要素质。

人在世上生活，不可避免地要与人合作共事。能否与人合作共事对于孩子能否很好地生存和发展，能否更好地成为社会活动的主体是至关重要的。只有懂得合作的人，才能获得生存空间；只有善于合作的人，才能赢得发展机会。一个懂得合作的孩子，成年后会很快适应社会并发挥积极作用，而不懂合作的孩子在生活中将会遇到很多麻烦和挫折。懂得合作、善于合作、乐意合作的孩子一般都拥有良好的人际关系，在各种场合都能与他人和睦相处。因此，家长要教会孩子如何与人合作共事。

让孩子知道合作的重要性

现在的孩子们自我意识太强，总是以自我为中心，缺乏团队意识和合作精神，家长要多耐心地引导，让孩子多体验成功的合作游戏，孩子就会学会体贴别人，学会分享，学会合作。同时也学会如何与同龄的孩子进行交往。

初中毕业，刘洋以优异的成绩升入省重点高中，开始了寄宿生活，然而开学不到一个月，他便向爸爸提出转学的想法。爸爸再三追问，可是他一脸不耐烦的表情，闭口不答。

于是，爸爸去学校了解了一下情况。老师向爸爸反映，刘洋的学习成绩很好，但是凡事都太争强好胜，太以自我为中心。一次，刘洋和同学一起参加演讲比赛，获得了团体第二名，可是奖状只有一张，两人互相争夺。最后，刘洋一怒之下竟然把奖状撕了，说谁也别想要。平时，他和宿舍其他5个人相处也有很多小矛盾。久而久之，他不受同学欢迎，变成了"独行侠"。

了解刘洋的这些情况后，爸爸开展了一连串的行动，让他认识到合作的重要性。

周末，爸爸带刘洋参加了一次拓展训练营。活动期间，父子二人完成一些只有靠大家共同努力才能完成的任务，活动也都很有意思，刘洋玩儿得很兴奋。当教练讲评每一次活动胜利的根源都在于彼此信任、支持、互助时，有了切身体验的刘洋频频点头。

在回家的路上，爸爸还趁热打铁地聊起了篮球，说一个再棒的球员，如果没有人传球给他，也不能取胜。如果每个人都想当英雄，没有团队意识，那就绝没有球队的胜利。刘洋听了，若有所思地点了点头。

让孩子认识到合作的重要性，有利于孩子养成一种团结合作的行为。家长必须在潜移默化中帮助孩子确立正确的合作意识，使他们懂得，每个人都是群体中的一员，是平等的，遇到矛盾或困难，只要大家齐心协力就一定能解决它、战胜它。

教给孩子合作的技能

一家幼儿园组织孩子们玩儿堆积木的比赛游戏。孩子们分成两组，按照指示图样，用积木搭建城堡。小媛率领一组小朋友，由另一个女孩带领另一组小朋友。

积木搭到一半的时候，小媛和同组的小朋友吵了起来。

"告诉你拿黄色的积木，你偏拿来蓝色的。"小媛呵斥那个小朋友，"看看，又错了吧！"

那个小朋友吓得低着头不敢说话，求助似的看着别的小朋友。其他小朋友也都停了下来，围在一旁，惊恐地看着他们。

"看什么呀，"小媛更生气了，"快点，他们都快搭完了！"

虽然小媛一个劲儿地催同组的小朋友，可他们都怕再出什么差错,动作反而更慢了。小媛急得不得了,跑前跑后,大约二分之一的工作都被她抢过去做了。由于她四处跑动,影响了其他小朋友的动作,搭建速度更慢了。结果,另一组在规定时间里完成了任务,小媛带领的小组输了。

"都怪你!"小媛把积木推倒在地,指着拿错积木的小朋友吼起来,"就怪你!"

那个小朋友"哇"的一声哭了起来……

孩子年龄小,缺乏社会交往经验,往往不知如何去合作,这就需要家长教给孩子合作的技能,指导孩子怎样去合作。比如两个孩子都在玩儿过家家,而小锅子只有一个,谁都想要,就很容易发生纠纷。此时,如果父母能进行及时引导,教孩子掌握一些协商的技能,比如两人可以轮着用,或者两人分配角色,一个烧饭另一个出去买菜;如孩子在下棋时,往往都想赢,所以争吵、耍赖的情况时有发生,父母就可以让孩子知道如何谦让,如何遵守规则,碰到问题怎样去商量等;如几个孩子在一起搭积木,就应该让孩子学会一起商量,分配工作;遇到矛盾时,就应彼此尊重,各自发表自己的看法,比较谁的看法最合理,最后共同确定一个大家都比较满意的解决方法……通过这些具体的合作情景,通过一次次的交往,孩子就会从中体验到合作成功的快乐和满足,从而激发孩子进一步合作的兴趣和动机。

让孩子学会欣赏他人

只有能够真诚地欣赏他人的长处,孩子才能从内心深处真正愿意接受别人。只有相互认识到对方的长处,欣赏对方的长处,合作才会有真正的动力和基础。因此,父母要经常给孩子灌输这样一种思想:任何人都有自己的长处,任何人都要学会真诚地欣赏他人。当孩子认识到每个人都有缺点,也都有优点时,他的心态就会比较平和,不会刻意地挑别人的毛病,也不会拒不接受别人对自己的批评。

父母可以通过故事并结合自己的言行让孩子逐渐明白每个人都各有所

长，各有所短。比如一本好的书就是由作者、画家和设计师通过合作之后的结晶。让孩子明白，不要妒忌或是轻视别人的长处，也不要对自己失去信心，而是善于运用彼此的长处，从而达到共同的目标，实现双赢。

会自省的孩子，才能不断进步

自省即自我反省，它是一个人得以认识自己、分析自己，并有效提高自己的最佳途径。法国牧师纳德·兰塞姆去世后，安葬在圣保罗大教堂，墓碑上工工整整地刻着他的手迹："假如时光可以倒流，世界上将有一半的人可以成为伟人。"一位智者在解读兰塞姆手迹时说："如果每个人都能把反省提前几十年，便有50%的人可能让自己成为一名了不起的人。"他们的话，道出了反省之于人生的意义。自省，是对自己的行为思想做深刻检查和思考、修正人生道路的一种方法。

有个叫吴刚的学生由于家里经济条件不太好，被迫选择在家乡的一所大学走读。感到委屈的他，有一天在和父亲发生激烈的争吵后，冲动之下在交给老师的卡片上写下了一句"我是傻瓜的儿子"。卡片交给老师之后，吴刚便感到有些后悔，开始变得惴惴不安起来。第二天上课的时候，老师并没有专门向他说什么，只是在发还给他的卡片上写了简短的一句话："是不是'傻瓜的儿子'与一个人未来的人生有多少关系呢？"老师的话引起了吴刚深深的反思："我常常把不顺心的事情归咎于父母，总是想：如果不是因为他们没有钱，如果不是他们错误的干涉，如果不是他们没有本事，我就不至于落到这个地步。而对于自己却缺少自知之明，理直气壮地认为自己总是对的，自己就像是一个不公正的裁判员，总是把成功归功于自己，把失败推诿给父母。"老师简单的一句话引发了吴刚的反省，让他从"自我中心"中跳出来，检讨自己，并学会去做一个有责任感的人。变化在不知不觉中发生了，一个学期之后，吴刚的学习成绩提高了，朋友也增加了，而最令人欣喜的是，和父亲的争吵完全消失了。

自省是自我动机与行为的审视与反思，用以清理和克服自身缺陷，以达到心理上的健康完善，它是自我净化心灵的手段。对成人而言，具备自我反省的能力，就能正确地认识自己的优缺点，有计划地规划自己的人生。遇到困难和挫折时，能够及时调整自己的情绪，积极进取，度过一次次难关，一步步走向成功。对于孩子来说，学会自我反省，更是关系到他们的良好发展和人格塑造。一个不懂得自我反省的孩子，永远不会懂得自己的过错与不足，这只能为他们的成长平添许多障碍与烦恼。反之，当孩子学会了自省，便能做到扬长避短，获得良好的进步和发展，从而成为一个自信、自立、自律的人。只有这样的人，才能顺利地越过成长过程中的障碍，抵达成功的彼岸。

爸爸下班回家，给女儿洋洋带回来两条美丽的小金鱼。洋洋十分喜欢，把鱼儿放在玻璃缸里，看它们在水中自由地畅游。有一天，洋洋突发奇想，把金鱼从水中捞出来，丢在地板上。看到金鱼不停甩动尾巴，洋洋觉得很好玩儿。

"洋洋，你怎么这么残忍！鱼会干死的，赶快把它们放回水里去。"爸爸看到这一情景，大声呵斥洋洋。洋洋无动于衷，对爸爸的呵斥置若罔闻。这时，妈妈走过来说："洋洋，如果你口渴时不给你水喝，你会怎样呢？"

"我会很难受。"洋洋有过口渴难耐的经历，便不假思索地说。

"是啊，没水喝很难受，可你把鱼从水里抓出来丢到地板上，让它们没水喝，你说它们难不难受啊？而且，鱼是水生动物，比人类更需要水，一旦离开水，会很快死掉的。它们拼命甩动尾巴，是因为它们太难受了。"妈妈开导洋洋。

洋洋不作声了。沉思了片刻,洋洋对妈妈说:"我错了,我以后再不把金鱼丢到地板上玩儿了。"

事实证明,自我反省能力能够促使孩子更快地成长。自我反思是一个思想斗争过程,孩子通过自我反思,分析自己的行为动机,检查自己的行为后果,评价自己的道德行为,思考自己与品德高尚者的差距,这样才会让自己的行为有所方向,从而加强自己的品德修养。

美国思想家爱默生曾说:"人类唯一的责任就是对自己真实,自省不仅不会使他孤立,反而会带领他进入一个伟大的领域。"自我反省是孩子成长的一个秘诀。成长是一个不断摸索的过程,在此过程中难免不断地犯错误。对成长中的孩子来说,反省的过程就是学习的过程。有没有自我反省的能力、具不具备自我反省的精神,决定了孩子能不能认识到自己所犯的错误,能不能改正所犯的错误,是否能够不断地学到新东西。

引导孩子进行自我反省

孩子的成长是一个不断犯过错、不断改正的过程。当孩子犯有过错时,有些家长往往不能容忍,一味责备甚至打骂孩子,结果往往事与愿违。如果家长能心平气和地启发孩子,不直接批评他的过错,孩子会很快明白家长的用意,愿意接受家长的批评和教育,而且这样做也可让孩子进行自我反省,明白自己的过错。

王亚光的爸爸去学校参加家长会时,发现王亚光被老师安排在了最后一排,爸爸想:儿子个子不高,老师这样做的原因是什么?也许是孩子不认真听讲,也许是爱说话……

王亚光回家后,爸爸没有埋怨老师,只是耐心地和王亚光交流,他说:"每次老师提问我都举手回答问题,可是老师怎么也不让我回答。"爸爸觉得必须让孩子学会反思,于是对孩子说老师其实已经注意到了你的优秀表现,只是老师想帮助那些基础不太好的同学,所以才没有给你机会。

爸爸继续让孩子学着反思。爸爸问他平时都是什么同学坐在这个位子上，王亚光说是班里的"调皮大王"，老师和同学都不喜欢他。通过这样的反思，爸爸让孩子知道了什么是错误的行为，什么是正确的行为，从而自觉改正自己的缺点。王亚光经过反思，慢慢地变成了受大家欢迎的孩子。

当孩子做错事时，父母不要一味地斥责，这样容易引起孩子的反感，甚至会激发孩子的逆反情绪。父母可采用冷静的态度，从侧面引导孩子进行自我反省，认识自己所犯的过失，从而帮助孩子形成正确的是非观念。

帮孩子养成每日反省的习惯

美国著名作家利奥·巴斯卡力，写了大量关于爱与人际关系方面的书籍，影响了许多人的生活。据说，他之所以有这样卓越的成就完全得力于小时候父亲对他的教育，因为每当吃完饭时，他父亲就会问他："利奥，你今天学了些什么？"这时利奥就会把在学校学到的东西告诉父亲。如果实在没什么好说的，他就会跑进书房拿出百科全书学一点东西告诉父亲后才上床睡觉。这个习惯一直坚持着，每天晚上他就会拿十年前父亲问他的那句话来问自己，若当天没学到什么新知识，他是不会上床睡觉的。这个习惯时时激励他不断地吸取新的知识，产生新的思想，不断进步。

为了让孩子少走弯路，父母应该注重培养孩子在生活中养成良好的自省习惯，鼓励他们每隔一段时间或者每天对自己的行为进行反思。家长不妨在每天结束时，让孩子好好问问自己下面的问题：今天我到底学到些什么？我有什么样的改进？我是否对所做的一切感到满意？如果孩子每天都能提高自己的能力并且过得很快乐，必然能获得意想不到的丰富人生。认真地面对这些问题就是反省，其目的就是让孩子不断地突破自我的局限，省察自己，开创成功的人生。

第七章　每天进步一点点，帮孩子做最好的自己

脱颖而出，让孩子成为竞争高手

现代社会是一个充满竞争的社会，一个没有竞争意识的人是很难适应社会生活的。孩子终归要长大成人，离开父母的庇护步入社会，独自在人生角逐场上搏斗、拼杀。谁不希望自己的孩子在竞争中出人头地，脱颖而出？因此，要让孩子能适应明天的竞争，成为生活的强者，就必须从小注重对孩子竞争意识的培养。

刘烨初中毕业后，从农村来到市里的重点高中上学。由于以前学校的教学质量不是很好，所以，他进入重点高中之后，就显得不能适应了。尤其在英语课上，他觉得自己总是听得云山雾罩，不知所措。

第一学期期末考试，他竟然没有一门功课及格，最惨的一科是英语，只得了36分。这一打击对刘烨来说太大了，他觉得农村孩子始终比不上城市孩子，开始自卑和苦恼起来。于是，他就到小说里面寻找自己的心灵寄托，寻找一些虚无缥缈的感觉，并沉溺其中不能自拔。结果成绩更是一团糟，还差点儿被学校开除。他觉得自己与其在这里丢人现眼，还不如放弃学业。

爸爸知道刘烨的这个想法之后，就对他说道："什么？放弃学业？这同战场上的逃兵有什么两样？即使你暂时能够逃避学习的竞争，步入社会后，你还能逃避的社会竞争吗？难道你真想一辈子当一个逃兵？"爸爸的这句话，一下子激起了刘烨强烈的自尊心。"逃兵？我怎么会是逃兵呢？逃兵会被人说三道四的，我绝对不做逃兵！"就这样，刘烨为了不让自己成为逃兵而树立了坚定的信念，开始刻苦学习。

其实，刘烨并不是个笨孩子，刚开始成绩不好，只是因为他还没

有适应新的环境。现在他树立了竞争意识,不甘心学习落后于人,决心超过别人,他的成绩也自然提高了。高考的时候,他以学校有史以来的最好成绩,进入了自己向往已久的大学。

从这个事例我们可以看出,如果刘烨在暂时落后的时候,不想和别人竞争,一味地逃避,那么他就不会得到这样好的成绩,只能是个逃兵。所以,家长必须教育孩子面对现实,让他们知道有竞争就会有成功者和失败者,任何试图回避或逃避竞争的做法都是错误的。培养孩子的竞争意识,鼓励孩子参与竞争,对于孩子的健康发展具有重大意义。

鼓励孩子参与竞争,可以增强孩子的自信心,孩子在竞争中表现出来的精神和才能,会使孩子对自己做出肯定的评价,会激发孩子进一步奋发向上;它可以克服孩子的胆怯、保守和自卑心理,它可以使孩子看到集体的力量、群众的智慧,认识到团结的重要性;它可以激发孩子强烈的求知欲望,因为竞争会使孩子认识到只有具备知识和能力才能领先,因而努力学习各科基础知识和基本技能。此外,它还可以提高孩子的耐挫能力,懂得有竞争,就免不了要遭受挫折的道理。孩子品尝过竞争失利的滋味,可提高对未来可能遇到的挫折的承受能力。因此,家长应当适时地鼓励孩子勇敢去参与竞争。

端正孩子竞争的心态

一些孩子在竞争中失败了,往往会流露出不高兴的情绪,会对获胜的一方充满敌意,不仅不再和对方交朋友,甚至怂恿别的伙伴去孤立他。这些孩子还不能积极、正确地面对竞争。这就要求父母在培养孩子竞争意识的同时,教育孩子端正竞争的心态,提高孩子的竞争道德水平,教育孩子在竞争中要学会宽容。

吴迪的父母深知现在社会上的竞争日益激烈,于是为了不让自己的儿子在竞争中被淘汰,从小就运用各种方法鼓励吴迪参与竞争。而吴迪也很争气,没有辜负父母的期望。从小学到初中,每次考试成绩均在班上名列榜首。正当吴迪的父母自以为实施的鼓励措施发挥功效时，没想到在儿子中考前夕却传来了不幸的消息。

原来，当天下午，吴迪的班主任宣读期中考成绩，意想不到的是，吴迪这次考了个第二名，一向位居榜首的他怎么也不能接受这个现实，一气之下，他拔出随身携带的小水果刀，刺伤了超过他的那个同学的胳膊，扬长而去。

为了孩子的健康成长，作为孩子的第一任老师，父母要积极培养孩子健康的竞争心态。对于一些竞争欲望过于强烈的孩子，父母要帮孩子端正心态，让孩子明白竞争是展示自身实力的机会，是件美好的事，要用从容的心态看待超越和被超越，不应充满妒忌和愤懑。还要启发孩子在竞争中表现出高尚的情操，不要以打击对方的方式来达到自己的心理平衡，让孩子认识到竞争不应是阴险和狡诈、暗中算计人的，应是齐头并进，以实力取胜的。

正确面对胜利和失败

只要竞争存在，就必然会有成功和失败。家长要教育孩子，取得成功时不要骄傲自满，应继续保持强烈的进取心，向更大的成功迈进；遭遇失败时，也不要灰心丧气，应苦练本领，争取下一次取得成功。

鲁小刚喜欢和爸爸打羽毛球，他的球技显然和爸爸有差距。他的心理承受能力差，输不起，一输就闹情绪，不是乱打一通，就是摔球拍。

爸爸也为这事感到伤脑筋，但他还是下决心要改掉孩子不健康的竞争心态。

又是一个星期天，鲁小刚兴冲冲地央求爸爸和他打羽毛球。爸爸对他约法三章：

"第一，公平竞争，不让球，不考虑父子亲情；

"第二，输球后不闹情绪；

"第三，失败后总结教训，切磋球艺，以利再战。

"不答应这三个条件，不玩儿。"

鲁小刚一看爸爸很严肃的样子，就只好答应了。这次比赛结果鲁小刚又输了，但他遵守了比赛规则，没有闹情绪。以后，他的球技提高很快，时间长了，爸爸偶尔不小心就成为儿子的手下败将。

在竞争活动中，孩子既可能在竞争中脱颖而出、获得名次，也可能竞争失败，榜上无名。成功时扬扬自得，失败时垂头丧气都是缺乏良好竞争意识的体现。父母要教育孩子，遇到成功不要飘飘然，要想到"一山更比一山高"的道理，终点永远在前面，遇到失败也别沮丧，告诉孩子"胜败乃兵家之常事"，关键是找出失败的原因，确定努力的方向。

永不放弃，让孩子学会坚持和忍耐

我们每个人都渴望成功。那么，成功的秘诀是什么呢？是坚持！成功出自坚持，坚持就是胜利。

法国伟大的启蒙思想家布封曾经说过："天才就是长期的坚持不懈。"我国著名的数学家华罗庚也曾说："做学问，做研究工作，必须持之以恒。"的确，我们干什么事，要取得成功，坚持不懈的毅力和持之以恒的精神是必不可少的。

20世纪70年代是世界重量级拳击史上英雄辈出的年代。4年来未登上拳台的拳王阿里此时体重已超过正常体重20多磅（1磅=0.4536千克），速度和耐力也已大不如前，医生给他的运动生涯判了"死刑"。然而，阿里坚信"精神才是拳击手比赛的支柱"，他凭着顽强的毅力重返拳台。

第七章 每天进步一点点，帮孩子做最好的自己

1975年9月30日，当33岁的阿里与另一拳坛猛将弗雷泽第三次较量（前两次一胜一负）。在进行到第14回合时，阿里已精疲力竭，濒临崩溃的边缘，这个时候一片羽毛落在他身上也能让他轰然倒地，他几乎再无丝毫力气迎战第15回合了。然而他拼着性命坚持着，不肯放弃。他心里清楚，对方和自己一样，也是疲劳致极了。比到这个地步，与其说在比气力，不如说在比毅力，就看谁能比对方多坚持一会儿了。他知道此时如果在精神上压倒对方，就有胜出的可能。于是他竭力保持着坚毅的表情和誓不低头的气势，目光如电，令弗雷泽不寒而栗，以为阿里仍存着体力。这时，阿里的教练邓迪敏锐地发现弗雷泽已有放弃的意思，他将此信息传达给阿里，并鼓励阿里再坚持一下。阿里精神一振，更加顽强地坚持着。果然，弗雷泽表示俯首称臣，甘拜下风。裁判当即高举起阿里的臂膀，宣布阿里获胜。这时，保住了拳王称号的阿里还未走到台中央便眼前漆黑，双腿无力地跪在了地上。弗雷泽见此情景，如遭雷击，他追悔莫及，并为此抱憾终生。

在最艰难，也是最关键的时刻，阿里坚持到胜利的钟声敲响的那一刻，成就了他辉煌人生中的又一个传奇。

成功与失败之间就只有那么短短的距离，一个人能否成功就在于能否坚持到最后。

骐骥一跃，不能十步；驽马十驾，功在不舍。同样，成功的秘诀不在于一蹴而就，而在于是否能够持之以恒。任何伟大的事业，成于坚持不懈，毁于半途而废。

但现实生活中，不少孩子做事没有恒心，缺乏持久性，常常半途而废。例如，原本计划在每天早上跑步半个小时，刚开始还能坚持，等到再过一段时间就放弃了；在课堂上听课，只能在前二十分钟专心，后二十分钟就无法继续坚持；在每一个新学期开始时，为自己制订一个学习计划，最初几天还能完全按照计划学习，到后来却渐渐松懈，最后甚至完全舍弃

了原定的学习计划；写作文的时候，通常前几段文字书写得非常工整，到后面就渐渐变得潦草凌乱，以致成了无人能识的"天书"……缺乏坚持性是很多孩子的通病，这不得不引起家长的重视。

  李珊珊是初中一年级的学生，她乐观开朗，爱好广泛，但是她却有一个很不好的习惯，就是当她做一件事情遇到困难时就轻易地放弃。在她的观念里，坚持就是浪费时间。李珊珊读小学五年级的时候喜欢上了舞蹈，她身材苗条，很有跳舞的天分。刚到舞蹈班时老师非常器重她，她学习也很认真。
  但是当李珊珊在学习舞蹈时遇到了一些练习了很久也没有准确掌握的动作时，她就不耐烦了，要求退学。她跟老师说："我没有跳舞的天分，不应该在这里浪费时间。"
  老师告诉她："那些成功的舞蹈家也不是一蹴而就的，她们也是通过自己辛苦的努力才成为舞蹈家的。"但她不听，坚持退了舞蹈班的课。过了几天，又迷上了绘画，没练几天，她又打了退堂鼓……在这两年里，李珊珊前后学习过舞蹈、绘画、钢琴，但是她没有一门课能坚持下去，都半途而废了，最终没有任何特长。

  坚持需要毅力，对人是个严峻的考验，要想让孩子成功，一定要想方设法地鼓励孩子坚持，在孩子成功的兴趣点上，在孩子的爱好上，要经常鼓励孩子坚持。
  所谓"不积跬步，无以至千里；不积小流，无以成江海"，培养孩子持之以恒的韧性，对孩子今后的人生道路有很大的影响。拥有良好坚持性的孩子更容易成长为一个独立自主、有毅力、有恒心、自信、乐观、社会适应能力强的人。因此，父母一定要对孩子的坚持力进行训练，当然也需要父母的坚持力才能培养出孩子的坚持力。

及时鼓励孩子

  如果孩子做事中途退缩，不想完成，父母切忌唠叨个没完，或者张口就骂、动手就打，更不要讽刺、挖苦，这样做很容易使孩子产生逆反心理，以致伤害其自尊心。相反，父母的鼓励可以让他们重新树立起信心，把事情坚持到底，直到出色地完成。

李潇是个三年级的男孩，他也像同龄的孩子一样做事情遇到困难容易放弃。有一次，妈妈利用周末带他一起收拾屋子。李潇按照妈妈说的方法却怎么也擦不干净玻璃，他有些气馁了。尤其是当他发现自己擦一块玻璃居然花了五分钟还没擦干净、而家里又有这么多扇窗户时他彻底失去信心了。于是，他把抹布扔在一边，一屁股坐在地上叹起气来。妈妈看到孩子的表现便告诉他："你刚学擦玻璃，擦不干净很正常。你只需要把你正在擦的这块擦好就是成功了呀。不要急于求成，等你熟练以后速度就上去了。你如果这样放弃，就连一块也没擦干净啊！"

在妈妈的鼓励和教导下，李潇拿起抹布，重新开始擦玻璃。

当孩子做事情有半途而废的想法时，父母要对他们产生的困难及时予以帮助，对于他们的点滴进步要及时予以鼓励和表扬，使他们产生愉悦感和自信心，从而使孩子树立坚持完成任务的决心。

为孩子做出表率

1998年11月，地中海畔的一座小城——西班牙的奥罗佩萨，世界国际象棋儿童分龄组冠军赛正在这里紧张地进行着，在来自82个国家和地区的选手中，一位中国小姑娘最引人注目，她在已赛完的前九轮较量中唯一保持全胜，提前两轮捧走了16岁年龄组比赛的冠军奖杯。"这是新的奇迹，中国人天生会下棋！"在这位中国小姑娘无可争议地夺冠后，一位西班牙资深棋手感慨地说。

这位小姑娘就是王瑜。她的成功，与父亲的悉心培养密不可分。

学习棋艺是一个枯燥乏味而又异常艰苦的过程，时间一长，王瑜难免有些厌倦。为了鼓励女儿坚持不懈地学下去，父亲常常跑遍津京书店，搜集国际象棋书籍，每买到一本新书，父亲都要在书的扉页上摘抄一两条名言警句，有时甚至不辞辛苦专程赶到北京，只为给女儿求得棋界名人的一句赠言和一个签名。父亲将自家的生活费压了又压，多年来，夫妇俩没添过一件新衣服，家里没添过一件家用电器，但无论生活多苦，王振虎也从未动摇过支持女儿学棋的决心。

父亲面对困难的勇气和坚持不懈的态度深深地感染王瑜，她暗下决心，一定要努力学成棋艺，早日替父亲分忧。功夫不负有心人，几年之后，王瑜不但拥有了父亲那些优秀的品质，还获得了巨大的成功。

有句俗话："上梁不正下梁歪。"如果想培养孩子持之以恒的韧劲，那么上梁必须正，父母必须以身作则，无论处理什么事情，都要认真、圆满地完成，做孩子的表率。很难想象，一个做事三天打鱼两天晒网的家长会培养出一个有恒心的孩子。孩子养不成坚持的习惯，多数是因为家长做事也是虎头蛇尾，所以要想孩子学会坚持，家长要以身作则，要有坚持性。父母做事的态度在很大程度上影响着孩子做事的态度。如果父母今天要求孩子学习绘画半个小时，明天自己忘了没有要求孩子练习绘画，后天又有什么事给耽误了而不管孩子当天有没有练习，这样培养孩子的毅力就变成一句空话。

第八章　传递正能量，让孩子内心强大

每个孩子都应该有一个强大的心灵。孩子的成长不仅是身体和智力发育完善的结果，更是心灵塑造的复杂过程。因此，家长要关注孩子的心灵成长，给予孩子更多的心灵关怀，让他拥有一个健康的心态。孩子的内心强大，他的人生才会幸福。

第八章 传递正能量，让孩子内心强大

善于自我激励，孩子将爆发强大的小宇宙

在生活中，我们需要受到别人的鼓励，更要学会自己鼓励自己，也就是进行自我激励。自我激励是人生中一笔弥足珍贵的财富，在人生前进中能产生无穷的动力。

所谓自我激励，就是通过激发人的行为动机的心理，使人处于一种兴奋状态。这是一种积极的自我心理暗示，常能使处于不利地位的人打消自卑感，增强自信心和进取心。

德国人力资源开发专家斯普林格在《激励的神话》一书中写道："强烈的自我激励是成功的先决条件。"世界上做出突出成绩的人，无不是在这种高度的自我激励下，朝着自己的目标不断前进，最终实现自己的理想的。

> 1949年，一位24岁的年轻人充满自信地走进美国通用汽车公司，应聘做会计工作，他只是因为父亲曾说过的"通用汽车公司是一家经营良好的公司"并建议他去看一看。
>
> 在应试时，他的自信使助理会计印象十分深刻，当时只有一个空缺，而招聘人员告诉他，那个职位对于一个新手来说是很难应付的，但他当时只有一个念头，即进入通用汽车公司，展现他的能力。
>
> 当招聘人员在雇用这位年轻人之后，曾对他的秘书说过："我刚刚雇用了一个想成为通用汽车公司董事长的人。"
>
> 这位年轻人就是从1981年起担任多年通用汽车董事长的罗杰·史密斯。
>
> 罗杰刚进公司的第一位朋友阿特·韦斯特回忆说："合作的一个

月中，罗杰认真地告诉我，他将来要成为通用的总裁。"

高度自我激励指示罗杰·史密斯要永远朝成功迈进，也是引导他经由财务阶梯登上董事长职位的法宝。

学会自我激励，是一个人成功的必备素质。一个善于自我激励的人，总是能够发挥自身的潜能，创造出超越自己能力的神话；而一个不会自我激励的人，就算拥有良好的天赋，也无法开发出自己的潜力，甚至会走上绝路。

对于孩子来说，通过进行自我激励，可以激发他们的潜能，从而使他们有更好的表现，而良好的表现，又会促使孩子做出进一步的自我激励。在生活中，父母要注意引导孩子学会自我激励，让孩子在自我激励的基础上发挥自己的潜能，走向成功。

孙老师的女儿孙冉考大学前的第一次模拟考试考得很不理想，孙冉心里很不好受。考完后的孙冉给爸爸打电话的时候是哭着打的，回到家后，孙冉的脸上依然挂着泪水，神色黯然。这时，孙老师对女儿说："没事，你考得不错，你现在这个成绩上大专够了，又不是不上线，没问题。现在离高考还有两个月，只要你努力，是有可能发生奇迹的。"

然后，孙老师让孩子做了一件自我激励的事情。他从复旦大学买了一本报考手册，手册上面印着这样几句话："相信自己！相信自己的选择！相信自己选择的成功的人生！"孙老师让女儿每天早晨起来在阳台上把这几句话大声地喊三遍。第一天，女儿喊的时候声音非常小，只有她自己一个人听得见。孙老师对她说："你这样是不行的。你这样就是不相信自己，要大声地喊，使劲地喊。"

后来，孙冉真的放开嗓子喊了，结果，她发现自己的心态非常好，精神抖擞。这种自我激励一直坚持到高考。结果，孙冉高考成绩比第一次模拟考试的成绩提高了100分。

第八章 传递正能量，让孩子内心强大

教孩子学会自我激励，是家庭教育中不容忽视的重要内容。孩子的行为多是通过激励产生的，只有不断地自我激励，孩子才会产生一种强大的动力，让自己去取得更好的成绩。自我激励会鼓舞孩子做出选择并付出行动，促进孩子的发展。

人的一生不可能一帆风顺，父母帮助孩子的最好办法，就是让孩子学会自我激励，给自己喝彩。

给孩子找一个学习的榜样

榜样是学习、生活各方面的优秀典型。孩子在学习和生活中总是喜欢拿自己与优秀的人相比，希望自己能够像优秀的人一样。父母可以抓住孩子的这种崇拜心理，帮孩子选择一个优秀的榜样，让孩子运用榜样来激励自己。

德国物理学家赫兹的母亲在赫兹很小的时候就把他送到了叔父那里学习。赫兹的叔父是19世纪有名的电磁学家。每天叔父在繁忙的研究工作外，总是抽半个小时对赫兹进行教育。赫兹从小就把叔父当成了自己心中的榜样。

在赫兹8岁那年，不幸的事情发生了，年仅37岁的叔父英年早逝了。

葬礼那天，许多著名的学者和科学家不远千里前来吊唁，甚至连国王和王后也来了。母亲拉着赫兹的手，指着长长的送殡队伍对赫兹说："你叔叔献身科学事业，受到了全世界人们的无限敬仰，你一定要向你的叔父学习呀！"

赫兹深深地铭记住了母亲的话。后来，赫兹拜读了叔父遗留下来的全部书籍和日记。每当遇到了挫折和困难，他总是用叔父的日记来鼓励自己，后来，赫兹真的成功了。

在生活和学习中，当孩子有了自己的榜样之后，就会模仿他们的言行，朝着他们的榜样努力，在这个学习的过程中，孩子会不断地激励自己，给自己加油打气。父母可以为孩子选择身边比较熟悉的人作为学习的榜样，也可以选择在孩子比较感兴趣的领域里有突出贡献的人作为他们的榜样。同时，父母也是孩子最直接的榜样。如果父母遇到困难时，能够不断地鼓励自己，增强信心，进而克服困难，孩子自然能够受到感染，从父母身上学习到责任心和价值感，去实现有意义的人生理想和目标。

帮助孩子确立自我激励的目标

目标指明了前进的方向，它是对人们迷惘时的召唤，使人们在困难时依然满怀信心，在受挫时拥有永不屈服的勇气，在失败时能永不放弃地追求。

善于自我激励的人必然有自己的目标，他会朝着自己的目标不断前进，所以，父母要鼓励孩子树立自己的目标，并引导孩子向着自己的目标去努力。

一名小赛车手在比赛中得了第二名，他非常兴奋地跑回家，想把这个好消息告诉妈妈。他一冲进家门就叫道："妈妈，有35辆车参加比赛，我得了第二名！"

"这值得高兴吗？要我说——你输了！"母亲回答道。

"妈妈，你不认为第一次就跑第二名是很了不起的事吗？而且有这么多辆车参加比赛。"他抗议着。

"你用不着跑在任何人后面。如果别人能跑第一，你也能！"母亲严厉地说。

这句话深深刻进了儿子的脑海。

接下来的20年中，他称霸赛车界，成为运动史上赢得奖牌最多的赛车选手——他就是理查·派迪。

理查·派迪的许多项纪录到今天还保持着，没人能打破。20多年来，他一直未忘记母亲的要求——你用不着跑在任何人后面！母亲的这句话让他明白了一个道理，那就是一个人要不断地鼓励自我："我

第八章 传递正能量，让孩子内心强大

是最棒的！我要做第一！"

设定目标对孩子的一生都起着至关重要的激励作用，在很大程度上决定孩子未来发展的道路。在制定目标时，父母应从孩子的实际出发，不可过大过高，最好先制定那些容易达到的目标，然后再逐渐增加目标的难度。

鼓励孩子进行积极的自我暗示

俗话说：好孩子是夸出来的。夸奖就是要家长有意地对孩子进行积极的心理暗示，给孩子带来积极的认识和体验，进而帮助孩子走向成功。爱因斯坦的父母就是利用积极的心理暗示，促成了天才的诞生。

阿尔伯特·爱因斯坦小的时候，是一个被人看不起的学生。在爱因斯坦小学毕业时，他的校长对他父亲说："您的孩子，将来从事什么职业都一样没出息。"

有一次，爱因斯坦的母亲带他到郊外玩。亲友家的孩子一个个活蹦乱跳，有的爬山，有的游泳，唯有爱因斯坦默默地坐在河边，凝视着湖面。这时，亲友们悄悄地走到他母亲身边，不安地问道："小阿尔伯特为什么总是一个人对着湖面发呆？是不是有点抑郁啊？应该趁早带他到医院看看！"爱因斯坦的母亲十分自信地对他们讲："我的儿子没有任何毛病，你们不了解，他不是在发呆，而是在沉思，在想问题，他将来一定是一位了不起的大学教授！"

从此，爱因斯坦时常拿妈妈的话来审视和鞭策自己，并不断地自我暗示：我是独一无二的！我会做得更好！

这就是爱因斯坦之所以成为爱因斯坦的原因。

当孩子遇到挫折和失败时，需要以不断的积极的自我暗示，来获取前进中必不可少的原动力。积极的暗示带给孩子的是积极的认识和体验，能帮助孩子稳定情绪、树立自信心及战胜困难和挫折的勇气，保持积极向上的精神状态。

因此,看到孩子信心不足时,父母应该鼓励孩子进行积极的自我暗示,把"别紧张,我也行""我一定能成功"之类的话写下来,或者大声说出来。也可以在此基础上,让孩子根据自己的实际情况拟定一句鼓舞斗志的话,每天上学之前都念几遍,在语言暗示后再满怀信心地去上学。

自尊是送给孩子最好的礼物

在教育中,自尊常常被提及,自尊的定义是尊重自己,不向别人卑躬屈膝,也不容许别人歧视、侮辱。它是人们如何看待自己的核心部分,是我们评估自己的思想、感情和能力的模式和尺度。

自尊心是一个人人格的基础,从小尊重和培养孩子的自尊心是非常重要的。苏联教育家苏霍姆林斯基说:"儿童的尊严是人类心灵里最敏感的角落,保护儿童的自尊心就是保护儿童的潜在力量。"孩子的心灵是非常脆弱而敏感的,需要成人的细心呵护和理解。只有这样,他才会感受到真正的自尊,发展出自信。若认为孩子不懂事而任意去批评、指责,刺伤他的自尊心,那么孩子就容易产生自卑、退缩、紧张,甚至产生憎恨、敌对情绪。因此,作为父母应保护孩子的自尊心,并注意培养孩子的自尊心。

于小海是一个初中生,父母对他寄予了很大的希望,但他的学习成绩总是一塌糊涂,父母很着急,于是请来一位师范学院的老师为他做家庭辅导,然而成绩依然没有太大提高。

这天晚上,于小海将考试成绩带回家,他的父母大发雷霆:"你到底长没长脑子啊?真是猪脑!猪脑!"妈妈边说边用手狠戳儿子的脸颊。"依我看,连猪脑都不如!笨蛋一个!没出息的东西!"在一旁的爸爸接茬说道。"你这样下去将来怎么办?只能是垃圾,被人看

第八章 传递正能量，让孩子内心强大

不起。父母能养你一辈子吗？真是后悔生了你！真是愚蠢不成器！"训斥完了儿子，夫妻俩出去吃饭。临出门，父亲回头对于小海说："晚饭你就甭吃了！你没有资格吃，越吃越是饭桶一个！"父亲说完，摔门而去。

夫妻两个吃完晚饭回到家，发现儿子已不在家了。桌上放着一张字条，字条上写着："爸爸妈妈，我走了。既然我这么让你们失望，我就在你们眼前消失好了。不要找我，这个家我也不想再回来了。每天你们除了骂我，就是训我，我学习不好心里也很难过，我努力了可成绩还是提高不上去，我也很恨我自己，每天活得很累也很苦，总是胆战心惊的，因为不知道什么时候，你们的讽刺挖苦就会如暴雨一样浇下来，让我浑身上下透心凉。我也是人，我也有自尊心。我不想再听你们的指责谩骂了，我都快疯了！你们就当没有我这个儿子好了！"看了儿子留下的字条，于小海的妈妈大哭起来。

孩子的自尊心，是受外界环境直接影响的。由于父母对他们的言语刺激，很容易伤害其自尊心，对于他们偶尔的不好表现进行过多批评，也很容易伤害他们的自尊心，使其逐渐产生自卑感。因此，父母不要总是一味地苛求孩子，不要老是不经意间伤到孩子的自尊。

自尊对孩子今后的成长及自我认知有非常重要的作用。保护孩子的自尊心，因为孩子是一个有独立人格的人，父母要站在孩子的立场上，尊重孩子，将有益于孩子形成和发展自重、自爱、自尊的品格。这样的孩子在日后的生活中，自信心、责任感强，有进取精神，既懂得尊重别人，也能获得别人的尊重。

培养孩子的自尊心不是一朝一夕就能完成的，父母要有耐心、要细心，关心爱护孩子，使孩子的自尊心得到健康发展。

不要当众批评孩子

在孩子的教育上，每个做家长的都有自己的一套管教方法，都希望把孩子培养成一个聪明、健康的人，长大成为一名有用的人才。然而，有些

好父母
给孩子最好的教育

家长对于自己孩子的读书成绩不好或某种过错，当着亲朋好友或其他同学的面数落孩子"聪明面孔笨肚肠"或讥讽、斥责孩子，以为这样也是在教育孩子。其实，这种教育方法是不符合儿童心理特点和教育规律的，反而会使孩子幼小的心灵中留下难以抹去的痕迹，挫伤孩子的自尊心，甚至发生心理障碍，影响身心健康。

李先生去朋友家做客，带上了5岁的儿子林林。朋友的孩子小文也在家，于是两个小伙伴一下子就打成了一片。晚饭时，林林有点笨拙地夹起一块鸡腿，正要往嘴里送时，他的小手一歪，整个鸡腿掉到了衣服上，随即又掉到了地上。见到此景，李先生一股怒火冲上头顶，大声地责备林林："你怎么那么笨，刚给你换的新衣服！你看人家小文怎么不掉东西？"听了爸爸的训斥，林林顿时感到很难过，强忍着眼里的泪水。遭到爸爸的训斥后，林林就怎么也不肯吃菜了，只顾低头吃自己碗里的饭。任凭爸爸如何给他夹菜，他就是不吃，以这种方式表示抗议。

孩子虽然年纪小，但也有自尊心，也爱面子，有些孩子的自尊心甚至比成人还强。因此家长在教育孩子时，一定不能伤害孩子的自尊心和自信心，这是教育的原则。孩子与成人一样，是独立的个体，是有尊严的人，需要与成人一样被尊重。如果家长当着很多人的面训斥孩子，孩子会产生抵触心理，即使知道自己错了，但在心里也不会接受。因此，我们做父母的在批评孩子时要给孩子留面子，爱护和培养孩子的自尊心，尽量避免采用挖苦、命令、责骂等损害孩子自尊心的教育方式，而要以关怀、说服、表扬和鼓励的方式教育孩子。

向孩子道歉

生活中，有不少父母认为向孩子认错、道歉，会失面子，失去自己的权威。在他们的眼里，孩子是弱小的，是不能和大人平等的。如此培养出来的孩子，能自尊吗？能尊重人吗？

自尊来源于受到尊重。美国心理学家罗达·邓尼说过："父母错了，或违背自己许下的诺言时，如果能向孩子说一声对不起，可以帮助孩子建立自尊，同时能培养孩子尊重人的习惯。"

著名诗人、民主战士闻一多，有一次因心烦出手打了还不懂事的小女儿，恰好被在外屋的次子立雕看见了，他就挺身出来批评父亲不该打小妹，并且上纲上线说："你自己是搞民主运动的，天天讲民主，在家里怎么就动手打人呢？"闻一多于是一愣，静坐沉思少顷后，走到立雕面前，神情十分严肃认真地说："我错了，不该打小妹，我小时候父母就是这样管教我的，所以我也用这样的办法来对待你们。希望你们记住，将来不要用这样的方法对待你们自己的孩子。"这样的道歉，无疑使孩子受到了尊重，也让父亲在孩子们心灵中的形象显得特别高大。

父母学会向孩子道歉，对教育子女大有裨益。如果父母有了错误，能主动向孩子道歉，孩子就会觉得自己很有尊严，并且也会以相同的态度对待父母以及其他人。因为孩子受到尊重时，会产生良好的自我感觉，产生积极、主动的心态，总是有良好的自我感觉，自尊就会萌发起来，这对孩子很重要，只有自尊，才能增加自强、自立的精神。

不要拿孩子与别人进行比较

在生活中，很多父母总喜欢在别人面前，拿自己的孩子和别人的孩子做比较。或许家长这样做的目的，只是单纯地想让自己的孩子向别人学习，以取长补短，但是在不知不觉中，已经伤了孩子的自尊心。

单元测验的成绩出来了，婷婷一脸喜悦地回到家。

"妈妈，我们今天考数学了。""是吗，这回得了多少分？""85分，比上次高10分呢！"婷婷有几分骄傲地说。"哦，这回是比上次进步了。对啦，你知道隔壁的扬扬考了多少分吗？""好像是90多分吧。"婷婷有点不高兴地回答道。

　　母亲似乎并没有察觉，接着说："怎么又比她考得差？你努点力行吗？""你凭什么说我没努力？比上次提高了10分，老师还表扬我进步了呢，就你总是不满意。"婷婷生气了，她提高嗓门喊了起来。"你怎么这么不懂事，我这不是为你好吗？你看人家扬扬，每次都考得那么好，哪像你时好时差，也不知道争点气。""我怎么不争气啦？你嫌我丢你的脸是不是？人家扬扬好，那就让她做你的女儿好啦！"婷婷气冲冲地走进自己的房间，"砰"的一声把门关上了。

　　类似事情在很多家庭时有发生，家长总是把自己的孩子与别的孩子做比较，这也不如别人，那也不如别人，拿自己孩子的短处和别的孩子长处比，这样只有伤害孩子的自尊心，甚至影响孩子对父母的信任度。

　　世界上没有相同的两片树叶。同样，世界上也没有任何两个孩子是完全一样的，每一个孩子都有自己的优点和缺点，能力和特长也各不相同。用一把尺子衡量所有的孩子是不正确的，永远也不会公平。家长望子成龙，望女成凤，希望自己的孩子同优秀的孩子一样优秀，这种心理是无可厚非的，但是一定要了解自己的孩子，要根据自己孩子的实际确定教育的目标，而盲目地与别的孩子比较是不切实际的。

相信自己，让孩子自信起来

　　自信是一个人对自身力量的认识和充分估计，是一种良好的心理品质，也是一个人克服困难、自强不息、取得成功的内在动力。大凡成功人士，都有着自信与积极的人生态度。他们始终以饱满的激情，强烈的自信心和积极的人生态度，去坦然地面对困难，并善于克服困难。

　　英国杰出的作家、戏剧家、诗人莎士比亚曾说："自信是走向成功的第一步，缺少自信即是失败的原因。"美国思想家爱默生说："自信是成功的第一秘诀。"一个人只有心里充满必胜的信念，对自己所从事的事业坚信不疑，他才可能迈出坚定的步伐，产生克服困难的勇气和力量，想出解决问题的方法和对策，赢得他人的信赖和支持，最后才能到达为之奋斗的终点。

一个人拥有了自信，便获得了感染、影响他人的人格力量。自信的人一般都比较善于表现自己，善于表现自己的人能够通过自己适当的表现而获得周围的人的认可。

美国IBM公司曾举行过一场大型的招聘会，在招聘现场云集了众多的行业精英，每个岗位前都排着长长的队伍。一个美国小伙儿看着自己面试前面排着的众多应聘者，他深吸一口气，鼓足勇气来到队伍的最前面，他站在面试官的面前说："请您在面试到我之前不要轻易地做决定，否则您会让公司失去一个难得的天才。"说完后，他又站回到自己在队伍中的位置。面试官先是一愣，随后饶有兴趣地等待着这个大胆的小伙子的表现。漫长的等待过后，小伙子终于站在了面试官的面前，他面对面试官侃侃而谈，他的一言一行都充满了自信。最后的结果是这个小伙子在众多应聘者中脱颖而出，正式成为IBM公司的一员。他的自信征服了面试官，为自己赢得了最终的胜利。

自信是一种感觉，拥有这种感觉，人们才能怀着坚定的信心和希望，开始伟大而光荣的事业。自信的人，并不是处处都比别人强的人，而是对事有把握，知道自己的存在有价值，知道自己对环境有影响力。他具有较强的自我管理能力，懂得如何安排自己的优势和弱势，而且在自信的心态下，他的优势更容易激发出来。自信能孕育信心，能通过充满信心的活动使别人对自己和自己的意见认可。

自信是对自己能力的一种肯定，能为我们带来了成功，带来了胜利，同时也向外界显示了自己的信心。如果对自己没有信心，那么就永远无法到达成功的彼岸。

日本一位教育专家曾经做过这样一个试验：

他将一个学习成绩较差的班级的学生，当作学习优秀班级的学生来对待；而将一个优秀班级的学生，当作问题班级来教。

一段时间下来，发现原来成绩距离相差很远的两班学生，在试验结束后的总结测验中平均成绩相差无几。

原因就是差班的学生受到不明真相的老师对他们所持信心的鼓励(老师以为他所教的是一个优秀班)，学习积极性大增；而原来的优秀班学生受到老师对他们怀疑态度的影响，自信心被挫伤，致使转变学习态度，影响了学习成绩。

由此可见，自信是孩子潜力的放大镜。如果孩子是一个自信的人，那么他乐观进取，做事积极主动，勇于尝试，乐于接受挑战；但若是孩子缺乏自信，那么他就会在任何事情面前都表现得缺乏自信，因而懦弱、害羞、充满恐惧，既不敢面对新事物，也不敢主动与人交往，无形中失去很多学习和锻炼的机会，因而影响自身的发展。长此以往，孩子就会产生无能的感觉，变得自卑，甚至可能产生自暴自弃、破罐子破摔等极度不良心理，后果将很可怕。

自信是孩子成长过程中的精神核心，是促使孩子充满信心去面对困难，努力完成自己愿望的动力。有一句教育名言这样说：要让每个孩子都抬起头来走路。"抬起头来"意味着对自己、对未来、对所要做的事情充满信心。任何一个人，当他昂首挺胸、大步前进的时候，在他的心里有诸多的潜台词——"我能行！""我不比别人差！""我的目标一定能达到！""我是最棒的！""小小的挫折对我来说不算什么！"假如每个孩子都有这样的心态，肯定能不断进步，将来成为有用之才。因此，激发孩子的自信，让孩子挺起自信的胸膛，是父母应该重视的问题。

总之，自信心是孩子成长道路上的基石，是学习过程中的润滑剂，是生活中必不可少的勇气。因此，在日常生活中，家长教孩子学会辩证地认识自我，既看到自己的优点，又发现自己的不足，使他们在一次次地尝试、探索、创造中，不断地证实自己，增强自信心。

用鼓励的方法培养孩子的自信心

每个孩子都是天才。只要父母的教育方法得当，每个孩子都可以成为栋梁之材。而孩子的自信心就来自于父母在日常生活中对他的肯定和赞赏，这也是孩子树立自信心最直接和简单的途径。

曾有这样一个感人至深的故事，讲的是一位母亲参加三次家长会后对孩子的教育方式。

一位母亲第一次参加家长会，幼儿园的老师对这位家长说："你的儿子有多动症，在板凳上三分钟都坐不住。"回家的路上，儿子问妈妈老师都说了些什么，妈妈鼻子一酸，差点掉下泪来。她告诉儿子："老师表扬你了，说宝宝原来在板凳上坐不到一分钟，现在能坐三分钟了。别的家长都羡慕妈妈，因为全班只有宝宝进步了。"那天晚上，她儿子破天荒地吃了两碗饭，而且没让妈妈喂。

在第二次家长会上，老师说："全班50名学生，你儿子排在第49名，我们怀疑他智力上有些障碍，你最好能带他到医院查一查。"回去的路上，妈妈流下了眼泪。回到家，看到儿子惶恐的眼睛，她又振作精神说："老师对你充满信心，你并不是一个笨孩子，只要再细心点，一定会超过你的同桌。"说这些话的时候，她发现儿子的眼光一下子充满了光亮，发愁的脸也一下子舒展开了。第二天上学，儿子比平时都要早。

第三次是初中毕业班家长会，老师没有在差生的名单里提到她的儿子，到家长会结束也没有提到她儿子的名字，她有点不习惯，临别，去问老师，老师告诉她："按你儿子现在的成绩，考重点高中有点危险。"母亲心里有一种说不出的甜蜜，她告诉儿子："班主任对你非常满意，他说了，只要你努力，很有希望考上重点高中。"

高中毕业了，当她儿子从学校回来，把一份清华大学录取通知书交到她的手里，突然跑到自己房间里大哭起来。边哭边说："妈妈，我一直都知道我不是个聪明的孩子，是您……"她再也按捺不住十几年来凝聚在心中的泪水，任它打在手中的信封上。这是一位伟大的母亲，她用赏识教育代替惩罚教育，她成功了。

可见，父母的鼓励，有助于增强孩子的自信心。每个孩子都有自己独特的地方，父母要了解孩子的特点，善于发现他们的优点并经常给予鼓励和肯定，这是孩子充满自信，不断进步的力量源泉。

赏识孩子的进步

孩子的命运在很大程度上掌握在父母的手里，父母给孩子多少赏识，孩子就会有多大信心，孩子的路也就会走多远。所有孩子在心灵深处都渴望得到别人的赏识。赏识孩子，就要不断发掘孩子的优点，不断给孩子鼓励，从而逐步培养孩子的自信心，让他们相信自己的能力。

有一个10岁的小女孩，非常喜欢弹钢琴，由于弹得十分投入，她能每天坚持练习好几个小时，从不抱怨苦和累，反而学得有滋有味。另一个孩子的妈妈见此情景，对女孩的自信和努力非常好奇，就问女孩的爸爸："你的孩子怎么这么自觉弹琴呀？而且看得出，她是发自内心地喜欢弹钢琴，很享受音乐带来的快乐。"

女孩的爸爸淡淡一笑，说："我虽然不懂音乐，但是我懂得欣赏我的孩子，每当她练琴的时候，不论好坏，我总是对她说，'孩子，你今天弹得更好了，比昨天进步了。'就这样，我是她最忠实的粉丝。每当看到我陶醉在她弹奏的乐曲中时，她总是信心满满地投入到枯燥的钢琴学习中……"

父母的评价对孩子产生自信心理至关重要。孩子本身不知道什么叫自信，但当他们听到父母鼓励的时候就会自内心产生了一种力量，这种力量促使他们完成各种艰巨的任务。所以，父母要创设培养孩子自信心的环境，让孩子在潜移默化中自信起来。平时，遇事常对孩子说一些鼓励的话,比如"你一定能行,你肯定做得不错"。因为孩子自我评价往往依赖于成人的评价,成人以肯定与坚信的态度对待孩子,他就会在幼小的心灵中意识到:别人能做到的,我也能做到。父母在孩子面前应有自信心,乐观的性格,有魄力,自强,办事不怯懦,为孩子树立良好的形象,创设良好的精神氛围。

让孩子获得一生的幸福——教会孩子乐观

乐观是美好生活的源泉,也是生活艺术的最高境界。在这个世界上,唯有一种方法,能让人们感觉到生活都是幸福美好的,那就是保持乐观的心态。乐观心态犹如一轮太阳,使人们沐浴在温暖的阳光下。

乐观开朗既是一种心理状态,也是一种性格品质。调查显示,开朗乐观的人不仅较为健康,而且婚姻生活较为幸福,事业上也较易获得成功。

1914年12月的一天深夜,爱迪生的实验楼突然起火,火光冲天,很快就被烧成了一片废墟。他的制造设备被一场大火严重毁坏,他研究有声电影的所有资料和样片也都统统化为灰烬。这次,他损失了大约100万美元和绝大部分难以用金钱来计算的工作记录。

他的太太伤心地说:"多少年的心血,让大火烧了个精光,这可怎么办呢?"这位发明家虽然也很伤心,但他决不会在挫折面前低头,他宽慰太太说:"不要紧,别看我已经67岁了,从明天早晨起,一切重新开始。"第二天早晨,爱迪生和他的太太在埋葬着他多年劳动成果的灰烬旁散步,他再一次乐观地对他太太说:"灾难有灾难的价值,我们的错误全部烧掉了,现在可以重新开始。"

爱迪生的成就实在令人佩服,但更让人佩服的是他面对挫折的乐观精神。有一位智者说过:"生性乐观的人,懂得在逆境中找到光明;生性悲观的人,却常因愚蠢的叹气,而把光明给吹熄了。当你懂得生活的乐趣,就能享受生命带来的喜悦。"乐观的人,凡事都往好处想,以欢喜的心想欢喜的事,自然成就欢喜的人生;悲观的人,凡事都朝坏处想,越想越苦,终成烦恼的人生。世间事都在自己的一念之间。我们的想法可以想出天堂,也可以想出地狱。

《教出乐观儿童》的作者,美国心理学家马丁·塞利格曼认为:乐观远不仅是一种迷人的性格特征,它实际上更是一种心理免疫力,足以帮助人们抵御生活中的任何困难。在生活中,拥有乐观品质的人是快乐、自信的,他们有较强的适应力、竞争力和耐挫力,能积极主动地面对困难和挫折。

有一个活泼可爱的小女孩,她尽管长着满脸雀斑,但她却没有丝毫的忧愁,她开朗而乐观,无论什么时候看到她,都能见到她满脸的笑意。她的父母也是同样的表情,那种微笑似乎是他们永远不变的表情。

这一天,小女孩特别兴奋,因为她要去参加好朋友的生日宴会。她早早就穿上漂亮的牛仔靴、黑色的牛仔裤,这是妈妈给她新买的衣服,她又带上爸爸送给她的牛仔帽,简直帅极了,最让她激动的是她要骑一匹真正的小马去参加宴会。

然而,天公不作美,11点半,天气突然变了脸,狂风大作,大雨如注。她只好静候在窗前,等待暴雨结束。这时,妈妈走了过来,告诉她由于天气的缘故,宴会取消了。她一下子没有了笑容,眼泪在眼圈里转了半天。妈妈也很难过,不过她微笑着说:"宝贝,不过,我们今天可以在屋里子做'寻找公主'的游戏了。"

小女孩随即高兴起来,她说道:"我敢打赌,下个星期六一定是个骑马的好日子,到那时,我要骑马去玩儿。"

她就是美国当今著名的女企业家拉塞尔·合姆。

乐观是一种性格倾向，使人能看到事情比较有利的一面，期待更有利的结果。一个乐观向上的孩子，善于看到事物中积极有利、乐观向上的一面，在平时的学习生活及人际交往中能够建立起良好的关系。同时，乐观的孩子常能心存光明远景，对未来有美好的期待，即使身处逆境，也能凭借乐观的心态、坚定的信念和顽强的毅力战胜困难、走出逆境。相反，一个悲观消极的孩子，则会过多地看到事物中消极不利的一面，经常产生悲观、失望、沮丧的情绪，长此以往，将会影响孩子身心的健康发展，扼制孩子自身潜能的发挥。因此，父母帮助孩子从小形成积极乐观的心态，避免消极心态对孩子的困扰，就是为孩子健康快乐的人生奠定牢固的基础。

积极乐观是一种性格，更是一种品格。乐观的性格有助于孩子增强克服困难的信心，有助于孩子的健康成长。孩子正处在身体和心理的发展时期，在这个过程中，父母应重视培养孩子乐观向上的人格、豁达的积极的人生态度。

用乐观的态度感染孩子

调查显示，约有85%的悲观者，其父母至少有一方的生活态度是悲观消极的。

> 由于工作烦琐而忙碌，薇薇的父母每天回到家后总是不停地抱怨，比如抱怨同事、批判公司领导，等等。在这样的环境中长大，薇薇从小就学会评论人了："老师喜欢漂亮的小朋友，不喜欢我""老师偏心"……
>
> 在日常生活中，薇薇的妈妈也会不经意间把自己的消极情绪传染给薇薇。一天早晨，妈妈醒来看到外面正在下雨，便随口说了一句："这该死的天气，又下雨了！"顿时，薇薇产生了消极、悲观的想法：下雨天很让人烦。
>
> 薇薇总是很悲观，一次没考好，就认为以后都不会考好。老师让她分析原因，她也总是只看到事情不好的一面。老师很纳闷，孩子的

生活环境和家庭条件都不错，怎么会这么悲观呢？

孩子是家长的一面镜子，家长的个性、言行等，往往会在孩子身上得以重现，一个整日唉声叹气的家长，通常会培养出悲观消极的孩子，而一个乐观积极的家长，往往会培养出同样乐观积极的孩子。所以说，孩子的乐观心态首先源自父母、源自家庭，培养孩子乐观的心态，首先从父母自身做起。

生活中，父母要有积极乐观的品质，用积极乐观的思维处事方式影响孩子，并向孩子传递一种积极的人生信念。

引导孩子宣泄不良情绪

小星刚从学校回来就闷闷不乐地回到自己的房间，并把房间的门关上。妈妈感觉他不对劲，便在吃晚饭时问小星：

"小星，今天学校有什么高兴的事呀？"

"没有高兴事，但是有伤心事。"小星不高兴地回答。

"为什么呀？什么伤心事，能告诉妈妈吗？"妈妈问道。

"今天老师让同学们选一个人当班长，同学们大多数都选了高越，只有少数的几个人选了我。"小星伤心地说。

"大多数同学选高越做班长，说明高越身上优点比你多。你要向他学习，然后比他更积极地表现，说不定下学期，同学们都选你了。"妈妈引导小星。

"可是，我现在就想当班长！"小星有些着急了。

"现在你在同学们中间没有太大的威信，就算你当了班长，同学们也不会服你的。如果你用这段时间好好表现自己，下学期不要说班长，而且还会被评为三好学生呢，你说是不是？"妈妈问道。

"嗯，好像是。"小星同意了妈妈的看法，开始高兴地吃起饭来。

每个孩子都会碰到不顺心的事情,即使天性乐观的孩子也不例外。当孩子遇到困境时,父母要多多留心孩子的情绪变化,如果孩子闷闷不乐,父母就要抽时间和孩子交谈,指导孩子排除心理障碍,使悲观情绪、不良情感及时得到化解。

平时,父母要多向孩子灌输一些乐观主义的思想,让孩子明白,困难是短暂的,只要以积极乐观的心态去对待,就能走出困境。

羡慕忌妒恨——让孩子远离这"三兄弟"

羡慕忌妒恨是一种有害无益的心理情绪,也是近年来的网络流行语,它刻画了忌妒的生长轨迹:始于羡慕终于恨。对一个人来说,被人忌妒等于领受了忌妒者最真诚的恭维,是一种精神上的优越和快感。而忌妒别人,则或多或少透露出自己的自卑、懊恼、羞愧和不甘。忌恨优者、能者和强者,既反映自己人格的卑污,也不会有任何好结果。

在生活中,如果一个人产生了忌妒情绪,那么他就从此生活在阴暗的角落里,不能在阳光下光明磊落地说和做,而是面对别人的成功或优势咬牙切齿,恨得心痛。一个人有了这种不健康的情感,就等于给自己的心灵播下了失败的种子。

美国汽车大王福特家族经历77年,在福特三世的手里画上了句号。福特三世是一个妒心极重、说一不二、喜怒无常的人。福特公司易手家族以外的人,就与他的为人有极大关系。

1978年7月13日,在福特汽车公司工作了32年、当了8年总裁的亚柯卡被解雇了。这一事件在美国企业界里引起了轩然大波。各地的报纸杂志纷纷报道并发表评论,认为这怎么可能呢?亚柯卡是一位高才,在福特公司总裁的位置上干了8年,为公司净挣35亿美元,福特为什么要赶走一位功臣呢？

原来福特三世这个人唯我独尊，心胸狭窄。亚柯卡功勋卓著，在公司内外获得一片赞扬声。亚柯卡干得越好，福特三世的妒火越旺。对亚柯卡深信的每一件事，福特三世都竭力攻击。当亚柯卡在数千里之外的时候，福特三世乘机召开会议，否定亚柯卡的计划。

福特三世赶走了亚柯卡，并没有使亚柯卡损失什么，是金子到哪里都能闪光，是人才到哪里都能大展宏图。亚柯卡被赶走以后，接任了克莱斯勒汽车公司的总裁，使濒于倒闭的克莱斯勒汽车公司重振山河。

福特三世忌妒亚柯卡，受损失的反而是福特三世。当时，《纽约时报》、哥伦比亚广播公司、《汽车新闻》《华盛顿邮报》《华尔街日报》等几十家报刊电台都站出来为亚柯卡打抱不平，讥笑福特三世是"妄自尊大的老头"，是"60岁的老少年"。报业托拉斯专栏作家在高度评论亚柯卡的人品和业绩以后，含沙射影地指责福特三世，最后感慨地问道："如果像亚柯卡这样的人的饭碗还不牢靠，你的饭碗牢靠吗？"当福特三世狭窄的心胸暴露在光天化日之下时，没有人才愿意和他接近。福特三世赶走了亚柯卡，大大减少了自己的力量，增强了对手的力量，5年以后公司易手家族以外的人。

忌妒是一种束缚手脚、阻碍事业发展与创新、影响工作的情绪。其特征是害怕别人超过自己，忌恨他人优于自己，将别人的优越处看作是对自己的威胁。于是，便借助贬低、诽谤他人等手段，来摆脱心中的恐惧和忌恨，以求心理安慰。同时也会使人变得消沉，或是充满仇恨，如果一个人心中变得消沉或是充满仇恨，那么他距离成功就会越来越远。

英国哲学家培根说："每一个埋头沉入自己事业的人，是没有工夫去忌妒别人的。"换言之，凡是产生忌妒心理和行为的人，是没有把心思"埋头沉入自己事业的人"。忌妒是万恶的根源，是美德的窃贼。越是忌妒别人，就越容易消磨自己的斗志和锐气，越会陷入无止境的叹息怨恨之中，使自己的人生之舟搁浅在嫉贤妒能的荒滩上。

忌妒产生的原因，大多是由于自知不足，比不上别人，这本身就是一个促其转变的好契机。"知耻近乎勇"，知道自己不足，努力加以弥补，这才是积极的态度。但如果人与人之间由于忌妒而你整我，我整你，冤冤相报，何时能了？而且，喜欢忌妒别人的人自己的日子也不好过。每天忌妒别人，自己心里也烦恼，总是觉得别人比自己高明，对此又不能平静，由忌妒转为算计别人。

袁××与李××是小学的同班同学，袁××读书勤奋，成绩在班上一直是名列前茅的，人又乖巧，是老师的宠儿，也是其他同学羡慕的对象；而李××虽然聪明，但由于淘气，不爱学习，成绩很一般，又爱惹是生非，所以就常常受到老师的批评和家长的责骂。到了初中，两个人仍在同一个班里。李××此时开始意识到自己应该用功学习了，他不再淘气了，成绩直线上升，不仅家长高兴，而且老师也喜欢他，这引起了袁××的不满。尽管这时袁××的成绩仍然比李××的好，可是他觉得一个像李××这样调皮又懒惰的孩子怎能与他的成绩接近呢？

于是袁××经常找李××聊天，借此机会述说以前李××的劣迹，想以此打击他。对这些李××并不在乎，只是一笑了之。李××的成绩渐渐追上了袁××，有时与袁××不相上下。袁××的心中已经堆成了一座火山，再也按捺不住，就当着李××的面说："你算什么？在小学时，你总是在我后面很远，你难道不记得吗？"可是李××仍然不受刺激，心平气和地对他讲："那是以前的事，未来才重要。"这使袁××更加难过，时时想着不要被李××超过，上课都无法完全集中精力，家庭作业也不像以前那样有计划地做了，看书的时候也会发愣，一想到李××可能追上自己就觉得恐慌、难受。一段时间下来，在一次小考中，李××的成绩超过了袁××，之后袁××的成绩更是大幅下滑。老师为此找过他谈话，可是谈话并没有让袁××

清醒，而是使他对李××的不满上升到了仇恨的地步。家人追根究底地找袁××成绩退步的原因，更加深了他的这种仇恨。袁××认为他的成绩退步、他在同学当中的地位不如以前都是李××一手造成的，必须将他做掉！忌妒种下的邪恶种子终于在袁××的心中开花结果。这天袁××准备了一把小刀，很早地就在李××上学必经之路等他。当李××走近时，袁××抽出刀子向李××连刺两刀……

李××因伤到要害部位，抢救无效死亡；而袁××在案发第二天因涉嫌故意杀人被警方逮捕。

这个故事的悲惨结局是令人痛心的。造成这个悲惨结局的罪魁祸首是谁呢？不言而喻，那便是忌妒。

忌妒对与孩子的身心发展是十分有害的，不仅直接影响安定团结，阻碍人的前进，甚至还会诱发犯罪。如果孩子屡生忌妒，日久天长，就会成为一个心胸狭窄的人，不利于其健康成长。因为忌妒心理强的人，别人的成功和他自己的失败，都会给他带来痛苦，平添不少烦恼。

忌妒是孩子成长过程中一个不容回避的问题，它并不可怕，关键在于如何战胜它。生活中，父母要对孩子的忌妒心理给予关注，平时要细心观察了解，关心他们的心结所在，一旦发现忌妒心态的萌发，就应该及时地加以正确引导、制止和纠正，使孩子能够朝着健康的方向发展，在以后的人生道路上成为真正的强者。

让孩子认识到忌妒的危害

父母作为孩子的第一任老师，要用合理而又权威的语言让孩子明白忌妒是一种负面情绪。忌妒有两方面的危害：一方面，忌妒破坏人际关系的和谐。当一个人忌妒另一个人的时候，就不会对那个人友善、热情，两个人的关系必然冷淡。忌妒的对象越多，关系冷淡的对象越多，这就给人际交往带来极大的妨害。另一方面，忌妒造成个人的内心痛苦。一个忌妒心强的人，常常陷入苦恼之中不能自拔。时间长了会产生自卑，甚至可能采取不正当的手段去伤害别人，使自己陷入更恶劣的处境。

培养孩子宽容的品质

有忌妒心理的孩子，往往有自身的性格弱点。如与人交往时，喜欢做核心人物；当不能成为社交中心时，就会发脾气；同时，他们不会感谢人，易受外界影响等。对有性格弱点的孩子，父母要悉心引导。在孩子面前，要对获得成功的人多加赞美，并鼓励孩子虚心学习他人长处，积极支持孩子通过自己的努力去超越别人、战胜自己，使孩子的忌妒心理得到正当的发泄。孩子学会了处处接纳他人、理解他人、信任他人，不仅会发现他人的许多优点，而且也会容忍他人的某些不当之处，求大同存小异。这样，孩子的人际关系就会变得融洽和谐。让孩子懂得"金无足赤，人无完人"，每个人都有自己的长处，也有自己的不足。帮助孩子形成正确的自我认识。能让孩子认识到自己的优点和不足，从而远离忌妒。

引导孩子树立正确的竞争意识

有忌妒心的孩子往往有某方面的才干，争强好胜，却又自私狭隘。父母可以充分利用其争强好胜的特点，激发孩子把忌妒转化为竞争意识，使孩子在赶超先进中调整自己的行为，增强适应社会环境的能力，从而使压力转变为动力，超越忌妒。为此，我们可以告诉孩子，别人领先获胜后，自己要做的事情不是生气，而是应该激发起自己的斗志，敢于和别人展开竞赛。这次别人获胜了，下次自己要通过努力超过别人，和别人比一比。同时家长还要告诉孩子，别的孩子获得成功了，肯定有许多优点值得自己去学习，要把别人的长处学到手，这样自己也能不断进步，取得成功。

追星，就要学习偶像的奋斗精神

在当今社会，追星是一种很普遍的现象，"追星族"这个名词越来越为人们所熟知，尤其是青少年，他们往往有追星的激情。

从成长心理学的角度来分析，青少年追星是因为他们心理的需求。

青少年处于由孩子向成人的发展阶段，正是长身体、长知识和树立远大理想的时期，他们的理想、愿望正处于迷茫和混沌中，需要自我的实现和完善，他们既想摆脱儿童的心理，又想像成人那样体现成熟。明星的出现使他们眼前一亮，从明星的身上看到了自我实现的希望，追随他们、崇拜他们，已成为心中的渴求。

然而，由于青少年还没有完全形成个人的主见，很容易人云亦云，随波逐流，而且情感不稳定，容易冲动。因此，不少青少年的偶像崇拜容易陷入盲从与狂热，从而带来不利的影响。有些人把自己大量的时间、精力和情感，投入追星活动中，荒废了学习和青春，迷失了自我；因此对于追星我们应该有更为清醒的认识。

刘女士发现女儿出现了一些状况：喜欢穿大肥裤子，耳朵上扎了四五个耳朵眼；迷恋国外的明星，而且每次电视上出现这些明星的画面就在家里尖叫；张嘴闭嘴都是明星，好像如果不说明星就没有话讲，就像"半疯儿"一样，不知道是不是该带她去看一看心理医生。在这种状态下，她的学习成绩一落千丈。

妈妈采取了一些强制措施，把女儿看的明星杂志、明星贴画都给毁了，又逼着女儿把蓬乱的长发剪了。可是"野火烧不尽，春风吹又生"，刘女士这些举动引起女儿更大的反感，以致女儿反抗的方式都明星味十足了，学习更是一塌糊涂。

其实，追星并不可怕，许多人在青春期时都追过星。与现在孩子主要追影星、歌星不同，以前人们追体育明星、戏曲明星、劳模、科学家、作家等，只是喜爱的对象有别而已。假如适度追星不影响学习和工作，那就无可厚非。但是，像上例中刘女士女儿这样不追求明星励志打拼积极的一面，只关心明星的穿着打扮、八卦绯闻，而且还花费许多钱并影响学习成绩，那就要引起重视了。父母要正确引导孩子追星，告诉孩子不能在追星中迷失自己；启发他们效仿偶像乐观进取的人生态度、促进自己积极向上等展开讨论，让孩子的追星行为更加健康。

每一个"星"，并不是生来就辉煌的。大多数的"星"，都经历过非同寻常的艰苦过程，在他们身上，往往有很多值得学习的精神。从根本上讲正是这些精神成就了他们。如果我们要求孩子并非是追求"星"的外在光环，而是去寻找和学习光环背后的精神，那么每个"星"，都能帮助我们的孩子更好地成长。

跟孩子一起去"追星"

喜欢娱乐是孩子的天性，孩子追星实际上是一种理想中的天真，也是一种激情中的盲目。父母发现孩子追星，不妨自己也同孩子一起追星。父母只有了解了孩子追的"星"，才可以和孩子谈"星"，父母对"星"发表的客观评论，对孩子的人生观与价值观的形成将起到潜移默化的影响。下面这位母亲的做法非常值得大家学习。

> 我的女儿是一名小"追星族"，她的偶像是周杰伦，家里堆满了周杰伦的海报、碟片。对于她追星之事，起初，我心里也曾非常着急：不顺着她吧，怕引发她的逆反心理；顺了她吧，又担心她长此以往荒废学业、迷失自我。后来，我偶然从大禹治水的故事中得到启发：大禹治水，疏而不堵。何不在女儿追星的过程中，加以正确引导？只要有了适时引导，相信她不会沉湎其中不能自拔。想要引导，就必须比她更清楚明星，进而从中寻找契机。所以，从那一刻起，我做了一个疯狂的决定：陪女儿一起追星。
>
> 女儿有她的一套"装备"：海报、口袋书、明星纸贴……我有我的秘密武器：及时、同步从网上搜索下载周杰伦的资料，包括身高、体重、生日、喜好等，一应俱全。偶尔还会跟女儿就某条信息的出入争得面红耳赤。其实，与她争执只是想让她知道，追星是件非常普通的事情，并不代表青春与时尚，你看，妈妈也会，从而淡化"追星族"在她心目中的优越感和影响力。
>
> 有一次，和女儿谈到周杰伦，我跟她说："你看人家周杰伦，不

仅人长得帅、会唱歌、谱曲、演戏，还会弹钢琴。长得帅、会唱歌是先天条件好，你也具备，但谱曲、弹钢琴都是需要后天努力才能够达到的。什么时候妈妈也给你报个声乐、器乐班去培养一下？"女儿想了想，爽快地同意了。我偷笑不止，要知道，以前也曾说要送她去培训班，她把头摇得跟拨浪鼓似的。

渐渐地，我和女儿成了无话不谈的好朋友，谈论的话题从周杰伦开始，逐渐延伸到她成长中的很多方面，我们谈到了理想、未来这些以前从未谈过的话题，我对女儿多了很多了解，女儿对我也多了很多理解。

这位母亲很了不起，她尊重孩子、理解孩子，在和孩子共同了解偶像的过程中，挖掘偶像的榜样作用，让偶像的力量激励孩子成长进步。

把崇拜化为激励

追星在某种意义上也是一种对榜样的认同和学习，作为父母不应该盲目指责孩子，而要从孩子的角度去思考，孩子为什么会喜欢这个明星？是喜欢这个明星的外貌、演技还是奋斗经历？每个人的成功都付出过辛苦的汗水，明星也不例外。父母应该引导孩子理性追星，去关注明星人物积极向上的方面，让孩子从榜样的力量中得到成长的动力，这远远要比强制孩子放弃追星要好得多。

刘畅是个初二的学生，他的父母都是文艺工作者，长年累月忙忙碌碌，所以他只好住寄宿学校。有一天妈妈突然发现儿子除了全方位地追星，没有任何见长的方面。刘畅最喜欢谢霆锋，常常眉飞色舞地讲谢霆锋的行踪和帅气。为了让儿子有所改变，有一天，妈妈和刘畅谈话时，机智地插进了几段谢霆锋从阔少爷到成为艰苦独立的大男孩的生活故事——谢霆锋出生在富有的名人家庭，从小只身到国外读书。家中虽有钱，但只给他读书的钱，他只能自己打工挣钱学音乐。谢霆锋很早出道，但并不顺利。有一次拍戏时，他不慎伤了脚，骨头都露出来了，他怕失去角色坚持拍完才去医院，已过了3小时，打破伤风针已不见效了，一旦感染非常危险，他自己签了字，做了缝合。他的坚强和勇敢感动了许多人，"我是用命换来了导演们的信任。"

通过这次谈话，刘畅被谢霆锋的故事深深打动了，他明白了一个人不经过艰苦的磨砺，就很难以坚强的意志使自己进步、成才的道理。现在刘畅改变了很多，虽然还在寄宿，但再不多要钱了，很长时间都没有要求妈妈带他去买名牌服装了，他的精力明显地集中在学习上了。

在孩子追星的问题上，父母要化不利为有利，让孩子从明星人物身上学到前进的动力。每一个明星的成才之路都不是平坦的，父母应与孩子一起论研究他们所崇拜的明星成功的经验，了解明星奋斗的历程，教育孩子不仅要羡慕明星今日的光彩，更要学习明星昨日的努力与拼搏的精神，从而使孩子的追星行为达到一种理性的升华，让孩子把追星转化为自我激励的手段。